미·술·심·리·재·활·중·심

장애아동의 이해

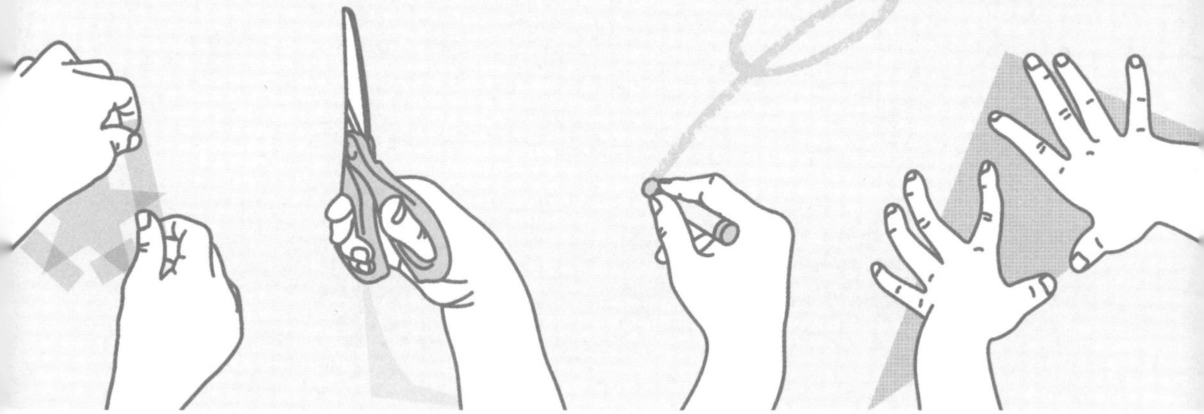

Understanding Children with Disabilities

정여주 · 최한 · 정유진 공저

학지사

머리말

최근 장애가 있는 아동을 위한 조기 교육과 심리 서비스와 발달재활 서비스에 관한 관심이 높아지고 있다. 또한 대중매체의 확장으로 우리는 유튜브나 SNS를 통해 장애아동을 위한 이해 및 전인적 성장과 관련된 실제 사례나 아이디어 등을 공유하기도 한다. 이는 장애가 있는 아동의 부모와 가족, 특수교사, 사회복지사, 심리재활사, 치료사 등의 상호협력과 애정과 노력 없이는 이루어질 수 없다.

이 책은 장애아동을 위한 특수교육 관련 저서는 수없이 많음에도 심리, 정서와 재활을 다룬 저서나 번역서 등이 매우 미비하다는 것에서 출발하였다. 더욱이 2017년부터 발달재활 서비스를 위한 전문자격증 제도가 실시되고 그 안에서 미술심리재활사 자격을 위한 교육과정이 이루어지는 상황에서 이에 대한 교육용 도서가 시급하다는 판단도 동기가 되었다. 발달재활 서비스를 위한 전문가 교육과정에서 장애를 겪는 유·아동의 심리적·정서적 지원은 인간학적·전인적 성장의 관점에서 매우 중요한 주제다. 장애인의 존엄성과 기본 권리를 위해서는 유·아동기부터 심리적으로 존중받는 경험과 자신의 정서와 심리를 표현할 수 있는 여지를 만들어 주는 것이 발달재활 및 심리재활의 과제다.

이러한 점에서 이 책의 특징은 장애가 있는 아동에 대한 기본 이해와 기존의 장애아동 관련 저서에서 잘 다루지 않았던 심리정서 · 심리재활적 관점의 중요성을 제시하고자 한다. 또한 학교와 사회현장에서 장애가 있는 아동의 심리재활 서비스를 하게 될 전공자를 위한 대학교, 대학원 발달재활 수업의 기본 교재로서 구성하였다. 이 책은 전체를 10장으로 나누어, 총론, 시각장애, 청각장애, 지적장애, 지체 · 뇌병변장애, 정서 · 행동장애, 자폐스펙트럼장애, 의사소통장애, (특정)학습장애와 건강장애 순서로 제시한다. 특히 2021년에 발표된「특수교육법」과「장애인복지법」에 근거하여 기존의 내용에서 변화된 것을 정리하여 다룬다.

제1장은 장애아동 총론으로 장애아동의 정의, 분류와 현황을 제시한다. 또한 장애아동의 인간학적 · 전인적 관점, 심리정서 · 심리사회적 관점과 심리재활적 관점을 다루고 마지막으로 심리재활 중재로서 미술심리재활의 개요를 소개한다. 제2장부터 제10장까지는 각 장애의 정의, 출현율 및 원인, 판정 및 분류, 특성, 미술심리재활의 순으로 제시한다. 이 책을 처음 계획할 때는 심리재활 관점에서 미술심리재활을 중점적으로 다루고 실제 적용 프로그램도 구상했으나, 이 책에서는 먼저 이론적 배경만 제시하고 미술심리재활 실제 부분은 다음에 출판하기로 결정하였다.

이 책이 장애가 있는 아동의 전인적 성장을 위한 발달재활 서비스의 필요성을 강조하는 학생, 교수와 관련 서비스에 종사하시는 전문가들에게 도움이 되기를 바란다. 책의 출판을 위해 늘 열린 마음으로 큰 품을 내어 주시는 학지사 김진환 사장님과 집필을 기다려 주시고 많은 도움을 주신 한승희 부장님, 성심성의껏 교정을 해 주신 편집부 박선규 님께 깊이 감사드린다.

2022년

정여주, 최한, 정유진

차례

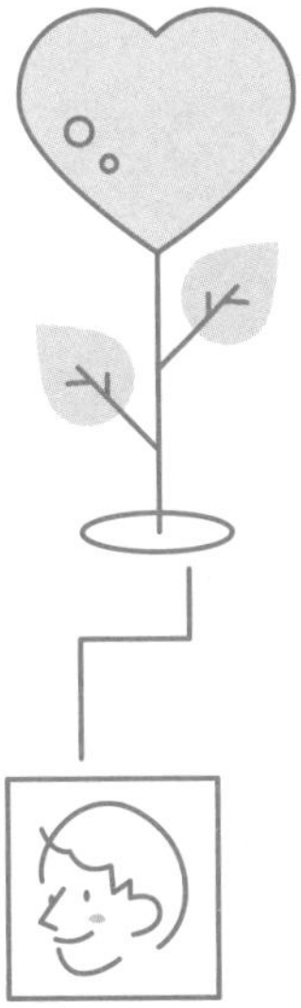

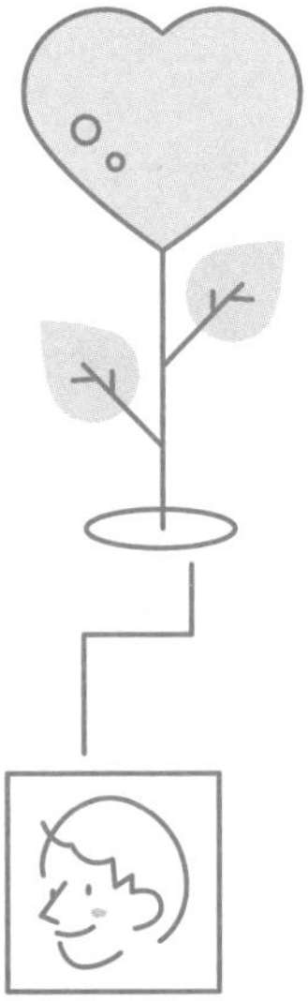

제1장

장애아동 총론(정여주)

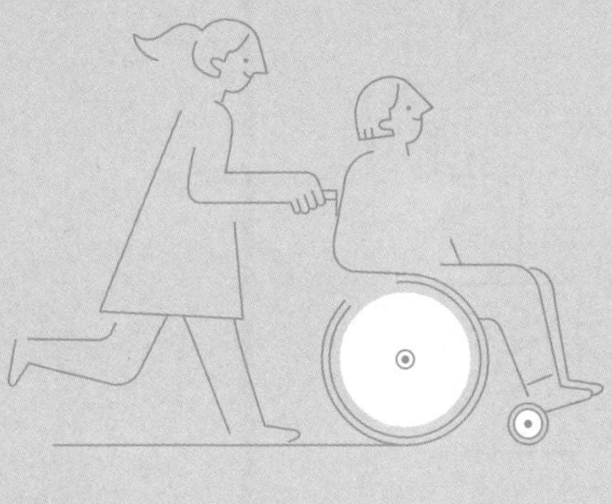

●국제 장애인의 날●

국제 연합(UN)은 12월 3일 세계 장애인의 재활과 복지의 상태를 점검하고 권리와 보조 수단의 확보를 목적으로 『세계 장애인의 날』(International Day of People with Disability)을 지정

INTERNATIONAL DAY OF PEOPLE WITH DISABILITIES

1. 장애아동의 정의와 분류 및 현황

1) 장애 정의

장애의 정의는 “신체, 인지, 지적 능력, 정신, 감각, 발달의 영역 또는 두 가지 이상의 영역에서 하나 또는 두 가지 손상이 생겨 평범한 일상생활에 참여하는 데 있어 개인의 능력에 심각한 제한이 생기는 것”(국립특수교육원, 2016)이다. 장애아동은 장애의 정의에서 아동기 대상이다.

2) 장애 분류

우리나라 장애아동의 분류는 보건복지부 고시 제2821-109호의 「장애정도판정기준」(2021)과 「장애인 등에 대한 특수교육법」(2021; 이하 「특수교육법」)으로 나눌 수 있다(〈표 1-1〉 참조).

(1) 「장애인복지법」의 분류

「장애인복지법」의 장애판정기준(2021)은 장애를 신체적 장애와 정신적 장애로 구분하는데, 영유아기부터 성인까지 해당된다. 신체적 장애는 다시 외부 신체기능장애와 내부 기관장애로 분류되며, 정신적 장애는 발달장애와 정신장애로 분류된다.

① 신체적 장애

- 외부 신체기능 장애: 지체장애, 뇌병변장애, 시작장애, 청각장애, 언어장애, 안면장애
- 내부 기관장애: 신장장애, 심장장애, 간장애, 호흡기장애, 장루 · 요루장

애, 뇌전증장애

② 정신적 장애

- 발달장애: 지적장애, 자폐성장애
- 정신질환장애: 정신장애(조현병, 조현정동장애, 양극성장애, 주요우울장애, 뇌의 신경학적 손상으로 인한 기질성 정신장애, 강박장애, 투렛장애, 기면증)

(2) 「특수교육법」의 분류

「장애인 등에 대한 특수교육법」은 장애를 11개로 분류하는데, 시각장애, 청각장애, 지적장애, 지체장애, 정서 · 행동장애, 자폐성장애, 의사소통장애, 학습장애, 건강장애, 발달지체, 그 밖의 대통령령으로 정하는 장애다. 특수교육 대상은 유아동부터 청소년기에 해당된다.

〈표 1-1〉 장애아동 분류

<table>
<tr><td rowspan="4">「장애인복지법」</td><td rowspan="2">신체적 장애</td><td>외부신체장애:
지체장애, 뇌병변장애, 시작장애, 청각장애, 언어장애, 안면장애</td></tr>
<tr><td>내부기관장애:
신장장애, 심장장애, 간장애, 호흡기장애, 장루 · 요루장애, 뇌전증장애</td></tr>
<tr><td rowspan="2">정신적 장애</td><td>발달장애:
지적장애, 자폐성장애</td></tr>
<tr><td>정신질환장애:
정신장애(조현병, 조현정동장애, 양극성장애, 주요우울장애, 뇌의 신경학적 손상으로 인한 기질성 정신장애, 강박장애, 투렛장애, 기면증)</td></tr>
<tr><td>「특수교육법」</td><td>11개 장애</td><td>시각장애, 청각장애, 지적장애, 지체장애, 정서 · 행동장애, 자폐성장애, 의사소통장애, 학습장애, 건강장애, 발달지체, 그 밖의 대통령령으로 정하는 장애</td></tr>
</table>

3) 장애아동 현황

이 책은 장애아동을 「특수교육법」에 의거하여 분류하는데 11번째에 해당하는 '그 밖의 대통령령으로 정하는 장애'는 제외한다. 2022 특수교육통계(교육부 특수교육원, 2022)에 의하면, 특수교육 대상자인 우리나라 장애아동과 청소년은 103,695명이다([그림 1-1] 참조). 여기에서 장애별 인구수로는 지적장애 53,718명(51.8%), 자폐성장애 17,024명(16.4%), 지체장애 9,639명(9.3%), 발달지체 11,087명(10.7%), 청각장애 2,961(2.9%), 의사소통장애 2,622명(2.5%), 시각장애 1,753명(1.7%), 건강장애 1,948명(1.9%), 정서 · 행동장애 1,865명(1.8%), 학습장애 1,078명(1.0%)순이다. 이를 그림으로 살펴보면 다음과 같다.

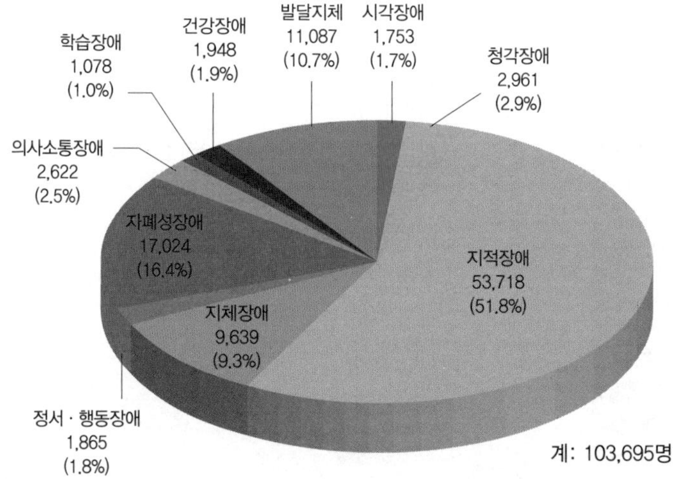

그림 1-1 **장애영역별 특수교육대상자 현황**

출처: 교육부 국립특수교육원(2022).

2. 장애아동의 인간학적 · 전인적 관점

장애가 있는 아동을 이해하기 위해서는 무엇보다 인간학적 관점이 먼저 고찰되어야 한다. 장애아동의 인간학적 관점은 '인간의 존엄성과 인간 가치의 기본 권리'(장애인복지법, 2021; Speck, 2018)인 보편적 인식에서 출발한다. 이러한 인간학적 관점은 인간에게 이차적 장해로 발생하는 장애와 장애인식과 장애인의 전인적 성장을 위한 교육과 관련 지원 서비스와 밀접한 관련이 있다. Speck(2018)은 장애의 정의와 개념이 복잡하고 시대마다 다르며, 그와 관련된 문제들도 다르게 제기되지만, 논의의 중심에는 인간학적 근거가 중요한 요인으로 작용하고 있다고 강조한다. Haeberlin(1990)에 따르면, 인간은 감정, 생각과 행동에서 자신이 일관된 존재라는 느낌이 들 때 자신의 정체성을 개발할 수 있으며, 이것이 '인간화'의 목표다. '인간화'란 평생의 정체성 개발 과정을 의미하는데, 이 관점은 장애인에 대한 인간학적 관점과 인식에도 적용된다.

Speck(1991)은 인간학적 관점에 근거하여 장애 관련 문헌과 일상 언어에서도 '장애인'이 아닌 '장애가 있는 사람(Menschen mit Behinderung)'을 사용하기를 강력하게 제안하였으며, 이후에 이 용어 사용의 경향이 증가하였다. Heijkoop(1998/2014)도 다양한 장애 용어는 장애의 부정적인 면만 설명한다고 지적하며, 문제 중심의 장애 용어가 아닌 '행동방식이 지체된 사람(Menschen mit festgefahrenen Verhaltensweisen)'이라는 용어를 사용한다. 그는 정상적인 발달을 하는 사람도 인생의 위기에 직면하면 탈출구를 찾을 수 없는 느낌이 들 수 있다고 하면서, 자신이 선택한 용어 사용은 인간이 아동기부터 장애로 낙인찍히는 것을 피하려는 시도라고 한다. Heijkoop은 이 용어는 가족, 지인과 관련자들이 '왜'라는 질문에 너무 오래 머무르지 않도록 하기 위한 것이라고 덧붙인다. 그는 '왜'라는 질문은 장애로 직접적인 영향을 받은 사람들의 절망적 외침이며, 이 고통의 모든 것이 '종료'되기를 바라기 때문에 생긴다고 말한다. 그는 이러한 논의로 인간은 근본적으로 다르지 않다는 점을 강조한 것이다.

Haeberlin(1990)은 장애아동을 위해 가장 먼저 인식할 것은 교육이며, 이는 인간학에 근거하며 인간화에 도움되는 것으로 치료교육 관점을 강조한다. 즉, 교육자는 교육을 통하여 인간이 미완성 상태인 '실제 상태'에서 '목표 상태'로 발전할 수 있도록 의식해야 된다는 것이다. Haeberlin은 「장애아동을 위한 인간학」이라는 글에서 먼저 "인간은 다른 생명체와 무엇이 다른가?"라는 질문을 한다. 그는 인간은 다른 생명체와 달리 교육을 통해서만 생존하고 발달할 수 있으며, 장애아동도 예외는 아니라고 강조한다. Haeberlin이 장애인의 치료교육에서 강조하는 것은 전인적 발전을 목표로 하는 인간화다. 그는 전인적 발전으로서 인간화의 목표는 인간이 사회적 의존에도 불구하고 내면의 자유를 찾는 도덕적 · 종교적 정체성을 가져야 한다는 것이다. 나아가 그는 전통적인 발달심리학이 아닌 인간 발달의 규범적 모델이 필요하다고 강조한다. 그의 성찰은 아동이 필연적으로 어떤 인간으로 발전해야 하는지, 즉 인간의 내적 자유에 대한 고려를 우선순위에 두어야 하는 데 연유한다.

Haeberlin(1990)은 Moor의 『치료교육적 심리학』(1960)에서 제시한 인간학의 규범적 개발 모델이 장애인의 교육 및 치료 교육의 관점에서 볼 때 매우 중요하다는 의견을 피력한다. Moor의 인간학적 규범 모델은 일반심리학의 아동 발달에는 서술적 · 경험적 모델이 지배적인 것과 달리, 인간은 한편으로는 활동으로 반응하고 다른 한편으로는 감정 상태로 반응한다는 가정에서 출발한다. Moor에 따르면, 인간은 모든 일의 과정에서 감정과 연결되지 않고서는 활동적으로 될 수 없기 때문에 인간에게 감정과 행위는 분리될 수 없다.

Haeberlin(1990)은 특히 장애아동은 이 두 가지의 발달을 위해 내적 지원이 필요하다는 것을 강조한다. 내적 지원은 자기 확신, 강한 의지, 품성의 통일성으로 주어진 추진력을 자신의 적극적인 의지에 종속시켜 목표 달성의 임무를 부여받고, 충만한 정서적 삶에 통합될 것을 약속하는 것이다. 그는 장애아동의 인간학적 관점은 전인적 존재로서 성장하는 데 필요한 교육과 심리적·정서적 지원도 함께 기반이 되어 출발해야 한다는 것을 제시한다.

Fröhlich(1994)도 인간학적 관점에서 장애아동과 비장애 아동의 성격은 같은 바탕을 가진다고 본다. 그는 장애아동의 인간학적 관점과 관련하여 아동 성격의 기본 네 가지 측면의 명제를 제시하는데, 성격의 자율성, 개인적 활동 잠재력, 인생 계획, 기본 욕구와 특별 욕구다. 네 가지 명제는 구체적으로 다음과 같다.

- 성격의 자율성: 아동은 더 높은 단계에서 본 미숙한 변종이 아니라, 모든 발달 수준에서 자주적이며 형성된 성격을 지닌다. 아동은 자신의 관심과 활동성에서 행동한다.
- 개인적 활동 잠재력: 아동은 모든 발달 단계에서 활동과 발달 가능성에 적절한 잠재력을 지닌다. 아동은 자극과 형상화에 수동적이지 않다.
- 인생 계획: 인간은 어떤 문화와 문명에서도 자신의 인생 계획을 형상화하려는 경향이 있다. 아동은 이미 자신의 인생 조망과 미래를 향한 의지가 있다.
- 기본 욕구와 특별 욕구: 모든 인간은 적어도 부분적으로 만족하지 못하면 살 수 없는 기본적 욕구들이 있다. 이것은 배고픔과 목마름과 고통을 피하려는 욕구와 자립, 자결, 자긍심, 명성, 결속, 인정받기, 애정, 안전, 안정, 신뢰 관계, 자극, 기분전환과 운동의 욕구다. 아동도 이러한 두 가지 욕구를 지닌다.

이 명제는 원칙적으로 장애아동과 비장애 아동 모두에게 적용된다. 그러나 장애아동의 특별한 욕구도 살펴야 한다는 점에서 Fröhlich는 기존의 장애나 위협을 받는 장애가 있는 아동은 발달과정에서 이중 위협에 노출된다고 본다. 한편으로, 아동은 발달에 방해가 될 수 있는 다양한 장애와 다른 한편으로는 아동에 대한 변화된 반응을 가진 환경에 직면한다는 것이다. Fröhlich는 이러한 변화된 환경에서, 예를 들어 자율성을 잃거나 활동이 공격성으로 변할 수 있기에, 교사, 치료사, 부모는 장애아동의 특별한 욕구에 주의를 기울여야 한다고 강조한다.

살펴본 것과 같이 특수교육 철학은 인간의 전인적 관점을 지향한다. 즉, 피교육자인 장애아동이 위협적인 개인적 · 사회적 혼란에 직면할 때, 교육은 피교육자 인생의 전체론적 관점에서 개발되어야 한다. 전인적 인간상은 장애인의 교육에 중점을 두지만, 관련 영역에서도 이에 대한 인식과 실천이 다루어져야 한다. 구체적으로 치료교육과 심리재활은 일반 및 특수 교육학 및 관련 분야 간의 긴밀한 협력이 필요하며, 이는 장애아동 · 청소년뿐만 아니라 성인까지의 평생교육과 재활과 연계되어야 한다.

3. 장애아동의 심리정서적 · 심리사회적 관점

장애아동의 심리정서적 · 심리사회적 성장의 관심과 필요성에 대한 인식은 1970년 후반부터 증가하여(Bleidick et al., 1989; Bundschuh, 1992), 오늘날 치료교육과 심리재활의 접근에 중요한 요인으로 작용한다. 장애로 인하여 신체적 · 인지적 · 감각적 · 행동적 · 사회적 발달이 어려운 아동에게 심리적 · 정서적 · 사회적 문제는 더 크게 작용한다. 장애아동의 전인적이고 통합적인 성장에 심리정서적 · 심리사회적 발달을 간과해서는 안 된다. 그러나 장애아동은 '이차적 장애'(Sinason & Stokes, 1992)인 정서적 · 심리적 · 사회적 문제에 보살핌을 받기보다는 그러한 현상이 장애문제로 여겨져 장애 자체만 다루어짐으로써 정서, 심리, 사회 문제가 간과되거나 무시되는 경향이 많다. 자신의 감정을 이해하지 못하거나 의사소통의 어려움으로 자신의 복잡한 감정을 표현할 수 없는 장애아동에게는 안전하고도 지지적 환경에서 자기표현을 촉진할 수 있는 중재방안이 필수적이다(Hackett et al., 2017).

Speck(2018)은 Piaget가 언급한 "정서적 삶과 지능은 불가분의 관계로 연결되어 있다."라는 점에 근거하여 정서적 삶의 발달과 지적 삶이 지속적으로 나란히 가기를 강조했다. 또한 그는 인간은 모든 감각운동 체계의 점진적인 분화와 함께 자신의 활동과 관련된 감정을 분화하고 증식한다고 한다. Speck은 장애아동의 정서적 관점은 근본적으로 기능과 행동 그리고 더 많은 상황에 연결된다는 견해다.

Heijkoop(2014)에 따르면, 장애로 지체된 행동을 하는 사람은 자신이나 다른 사람을 신뢰하기 어려운데 이는 주변 사람들이 자신을 이해하지 못하는 것의 결과적 반응이다. 그는 장애가 있는 사람들이 스트레스에 특히 민감한 이유는 이들이 더 느리게 생각하고 이해하며, 자신을 표현하기 어렵기 때문이라고 말한다. 그는 대부분의 장애인은 다른 사람들과 만족스러운 관계를 맺지 못하면 이에 대한 중재가 이루어질 수 없으며, 결과적으로 타인뿐만 아니라 자신의 정서도 거의 기대하지 않는다고 한다. 정서문제는 행동에도 부정적 영향을 끼치며, 이 상황이 오래 지속되면 장애인의 일반적인 발달이 차단되고 마침내 성격도 퇴보한다는 것이다.

Haeberlin(1990)도 장애아동에게 운동 및 인지 능력을 키우는 것이 중요한 만큼 삶에 필요한 정서적 발달도 똑같이 중요하다고 강조한다. 그는 의지를 위한 교육과 마음 교육의 중요성은 같다는 견해다. 교육과 치료교육은 항상 전체론적이 되어야 하기에 이론과 실천 현장에서는 이점을 반드시 인식해야 한다. 장애아동의 심리정서적 · 심리사회적 치료접근에는 해당 아동뿐만 아니라 치료사의 장기적인 노력과 협업이 필요하다. 장애아동의 행동과 정서 및 의사소통의 문제는 "오랜 시간 집중하여 극복해야 하는 과제며, 그러한 노력을 기울일 가치가 있는 의지의 문제"(Haeberlin, 1990)다. Haeberlin은 이러한 의지력의 발달에 전제조건이 되는 것은 정서적 발달이라고 강조한다. 장애아동이 자신을 표현하고 자신의 의지와 의사를 나타내기 위해서 정서 발달을 간과해서는 안 되는 매우 중요한 요인이다. 그리고 장애아동의 정서는 의지보다 불분명하게 드러날 수 있어서 본인과 타인에게도 이해되기 어려운 경우가 많다. 이런 상황에 장애아동은 정서적으로 더 혼란스러워지면서 행동도 질서를 찾기 어려운 악순환에 빠질 수 있다.

Heijkoop(2014)은 지적장애가 있는 사람은 자기 능력 내에서 성장하고 의미 있는 삶을 영위할 수 있다고 한다. 이는 지적장애만이 아니라 다른 장애가 있는 사람에게도 해당한다. 장애아동은 비장애 아동과 비교하여 발달 속도가 정도에 따라 다르지만, 전체적 성장을 하며 자신의 생활과 가족, 교사, 자신을 돌보는 전문가들과도 관계를 맺고 있다. 또한 장애아동은 짜증, 즐거움, 행복, 실망, 화 등의 감정들을 표현하면서 자라고 있다.

Haeberlin(1990)은 장애아동은 치료교육의 상황에서 더 오랫동안 감정적인 내용에 머무를 수 있어야 한다고 강조하는데, 이는 심리재활 현장에서도 마찬가지다. 그는 장애아동의 기분은 처음에는 지속적이지 않고 외부 사건과 내부 욕구의 변화에 따라 빨리 변하기 때문에, 혼란스러운 분위기를 진정시켜 안정적 기분, '기본 기분'에 머무를 수 있도록 적절한 지원이 이루어져야 한다고 한다. 이것은 장애아동이 "삶의 리듬을 습득함으로써 감정이 분화되어 기본적 기분을 유지하게 하는 정서교육의 목표"(Haeberlin, 1990)기도 하다.

Speck(2018)에 따르면, 정서와 감정은 복잡한 상황에 대해 가장 민감한 의식 기관이다. 동시에 정서와 감정은 삶의 의미, 내용 및 표현의 바탕이 되어 장애아동을 변화시킬 수 있으며 관계에서 궁극적으로 전달되는 것은 감정의 상태다. 더불어 여기에서 교사뿐만 아니라 장애아동의 치료교육에 관련된 치료사도 전문적 지식과 함께 장애아동의 심리정서적 · 심리사회적 성장을 위해서는 자신의 마음 상태도 들여다보는 것이 중요하다.

또한 Heijkoop(2014)은 장애가 있는 사람의 가족과 관련이 있는 사람들도 그들의 반응, 감정, 생각 및 기대에 사로잡힐 수 있다는 점을 지적하면서, 때때로 그들은 문제를 전면에 내보이는 지적장애인보다 더 갇혀 있는 것처럼 보인다고 한다. Heijkoop은 가족이나 전문 간병인이 연민, 두려움, 슬픔, 죄책감, 부끄러움, 무력감, 분노 등의 감정을 통해 결국 악순환에 빠지고 마지막에는 한계에 부딪힌다는 사실을 지적한다.

4. 장애아동의 심리재활적 관점

Menzen(2017)은 모든 인간의 평등 보장과 관련하여 많은 곳에서 장애가 있는 사람의 사회적 통합을 호소하지만, 실제는 항상 그렇게 효과적으로 작용하지 않는다고 비판한다. 그는 사회적 통합이란 자유로운 개인성과 정체성의 형성에 대한 기본 권리와 사회적 삶에 관여할 권리가 요구되어야 하며, 이는 장애인도 예외가 될 수 없다고 주장한다. Menzen은 사회복지는 사회통합을 통해 달성되는데, 이는 장애인과 병자를 위한 재활치료의 주요 목표 중 하나라고 한다. 그는 장애인의 의존성을 방지하기 위한 통합적 치료로서 재활적 조치가 있어야 하며, 미술치료도 심리재활에 맞추어 목표를 설정한다고 강조한다.

Speck(1991)에 따르면, 특수교육은 교육과 치료가 밀접하여 연결되어 있는데, 치료교육은 장애인의 평생교육과 성장과 통합적 관점에서 특수교육보다 확장된 개념이다. 장애아동에게 치료교육은 발달 및 관계 장애의 상황에서 특수교육과 관련하여 필요한 치료를 제시하는 것이다. 치료교육은 특수학교뿐만 아니라 가족, 아동 지원, 전문 활동, 성인 교육에 이르는 모든 영역에서 이루어진다. 이런 점에서 장애인에 대한 전인적 인간상은 모든 생활환경으로 연결되어 학교뿐만 아니라 가정교육, 사회교육에 해당하는 심리지원, 상담 및 심리치료와 다양한 형태의 치료교육 활동이 이루어지는 기관과 사회통합을 위한 방안까지 포함한다. 여기에 심리재활이 중요한 역할로 대두된다. 이런 모든 시도는 장애아동의 문제해결과 사회적 관계를 발전시켜 "의미 있는 삶"(Speck, 1991)으로 성장시키기 위해 중요하다. 이는 장애아동을 위한 교육과 치료, 다양한 재활 지원은 분리될 수 없는 인간학적이며 전체적 · 통합적 관점에 해당하기 때문이다.

Fröhlich(1994)에 따르면, 장애아동을 위한 특별지원 조치는 아동의 기본욕구를 더욱 잘 충족시키면서 개인의 자율성을 유지하고 개인 활동의 잠재력을 자극하며 아동의 생활계획을 존중할 수 있도록 계획 및 시행되어야 한다. 그는 장애아동의 발달지원은 전체적 관점에서 행해야 하며, 개별 영역에만 지원하는 것은 궁극적으로 불가능하다고 강조한다. 여기에 교육과 치료와 재활 지원이 함께 이루어져야 한다. Fröhlich는 장애아동의 통합적 지원을 현실화하는 영역을 제시하는데, 구체적으로 운동감각, 인지, 사회 경험, 감정, 신체 경험, 언어와 말하기와 인식이 서로 밀접하게 연결된다.

Theunissen(2016)은 행동장애, 학습장애나 중복장애를 다루는 데 탁월한 역할을 하는 중요한 교육치료 활동 형태를 제시한다. 그는 교육치료 혹은 치료교육 활동 형태는 이론, 방법이나 활동에 근거한 심리치료 중재로서 특수교사나 심리치료 및 재활치료 전문가들의 '도구'나 '무기'가 된다고 한다. 이것들은 분리되는 활동이 아닌, 장애아동을 위한 치료교육의 전체 계획에서 부분 요인에 속한다. Theunissen도 장애아동에게 다양한 치료교육 제안뿐만 아니라 심리치료 지원과 정신의학적 지원이 서로 의미 있게 연결되는 포괄적 지원 프로그램의 필요성을 강조한다. 치료계획을 하기 위한 전제조건으로는 관련자인 "의사, 심리학자, 교육자, 치료사 등과 긴밀히 협력한 근거에서 작성"(Heijkoop, 2014)되어야 한다.

이러한 노력은 장애가 있는 아동은 '장애 자체가 아니라 자신의 생활환경에서 특별한 교육이 필요한' 아동이라는 인식에서 시작된다. 이 관점은 장애가 있는 아동의 사회적 통합이 중요한 목표로 연결된다. 장애아동을 위한 치료교육과 재활 영역은 "개별화 교육 프로그램(Individualized Education Program: IEP)과 무상의 적절한 공교육(Free Appropriate Public Education: FAPE)"(김동일 외, 2010)이나 발달 재활서비스를 위한 바우처 등의 기관을 통해 최소한의 경비로 개별 치료 및 집단치료, 그리고 가족, 부모와 형제 집단치료 등이 이루어진다.

2021년에 개정된 우리나라의 「장애인복지법」도 "장애인의 문화생활, 체육활동 및 관광활동 등을 지원"하는 노력을 강조하며, 국가와 지방자치단체는 장애인만 아니라 "장애인 가족의 가족의 삶의 질 향상 및 안정적인 가정생활 영위"를 위해 '장애인 가족에 대한 인식개선 사업, 장애인 가족 돌봄 지원, 장애인 가족 휴식 지원, 장애인 가족 사례관리 지원, 장애인 가족 역량강화 지원, 장애인 가족 상담 지원 등'을 제시한다.

나아가 「장애인복지법」 제35조에서는 "장애 유형 · 장애 정도별 재활 및 자립지원 서비스 제공 등"의 정책을 강구한다. 최근에는 발달 재활의 관점에서 장애아동의 심리정서적 · 심리사회적 발달을 위한 서비스가 이루어지고 있다. 장애아동의 조기교육이 과거에는 신체적 · 감각운동적 · 심리운동적 · 인지적 · 행동적 · 물리적 · 언어적 치료와 통합 치료가 주를 이루었지만, 오늘날은 장애아동의 심리정서적 · 사회적 치료접근까지 확장하여 다양하게 이루어진다. 이러한 영역을 실제 지원하는 훈련과 치료는 움직임과 신체경험 지원, 다양한 감각경험 가능성인 기본 자극, 운동성 완화, 감각 통합, 일차적 인지과정 지원, 특수 심리운동 지원, 인지개발 지원, 이완을 위한 호흡치료, 오이리트미(eurhythmie, 인지학적 춤 형태), 무용치료, 무언극과 신체 표현, 음악치료, 광치료와 색채치료, 미술치료, 통증 완화 신체치료, 게슈탈트 치료원리에 따른 신체활동 등이다(Fröhlich, 1994; Theunissen, 2016).

Heijkoop(2014)은 장애아동의 교육 및 치료에서는 "정말로 이들의 이익을 위한 것인지 정기적으로 확인하는 것이 중요하다."라고 강조한다. 이와 관련하여 그는 일반심리학의 관점에서만 장애아동을 다루는 것으로는 충분하지 않다고 한다. 그는 우리가 다르게 봐야 할 필요성을 제시하면서 우리에게 다음과 같이 자문하길 제안한다.

"지적장애가 있는 사람의 행동 방식에 대한 나의 해석에는 여전히 그들의 개인성을 위한 충분한 여지가 있는가?" 그는 이런 질문에 대한 답을 찾고자 한다면, 우리는 다르게 보고 또 새롭고 다른 인상을 얻기 위해 다음과 같은 질문을 하고 또 실천해야 한다고 강조하는데, 이는 다른 장애아동에게도 적용된다.

Heijkoop(2014)이 장애아동의 교육과 치료에 제시한 질문에 재활관점을 더하여 장애아동을 중심으로 서술하면 다음과 같다.

- 아동은 지금 어디에 있는가?
- 아동은 어느 곳을 차지하는가?
- 아동은 무엇을 보고 있는가?
- 아동은 무엇을 듣고 있는가?
- 아동은 손으로 무엇을 하는가?
- 아동은 얼마나 많은 힘을 사용하는가?
- 아동의 목소리와 음색은 어떤가?
- 아동의 표정은 어떤가?
- 아동은 어느 방향을 보고 있나?
- 아동은 무슨 말을 하는가?

Heijkoop(2014)에 따르면, 치료목표를 위해서는 치료계획을 세워야 하고, 계획을 세우기 위한 전제조건은 원하는 목표에 대한 명확성을 가져야 한다. 그는 계획은 처음부터 정확히 결정할 수 없다는 것을 인정한다. 분명하고 바람직한 목표는 '예전대로' 또는 '오늘의 상태'가 될 수 없어야 하지만, 목표가 반드시 문제행동을 해결하는 것은 아니라는 견해다. 즉, 치료의 목표는 장애인과 치료사와 도움을 주는 사람들 모두가 문제를 처리하고 받아들이는 방법을 배우고 심리적 · 육체적 · 물질적 피해를 가능한 최소화하는 것이다.

Theunissen(2016)은 치료교육 영역의 활동에 공통의 하위 관점을 소개하는데, 심리재활 관점도 해당될 수 있다. 각 영역은 활동 영역에 대한 정의와 목표, 목표집단, 치료적 지침, 세팅, 매체, 형태(개인, 집단), 과정, 교사 또는 치료사 역할, 참고문헌, 하위 공통 영역이다. Heijkoop(2014)도 장애인을 위한 치료교육으로 사회적 공간과 치료교육 방법을 제시한다. 구체적으로 집, 공동 주택, 학교 수업, 활동 집단, 놀이방, 수영장 또는 체육관과 같은 일상적인 상황에서 치료가 수행되어야 한다.

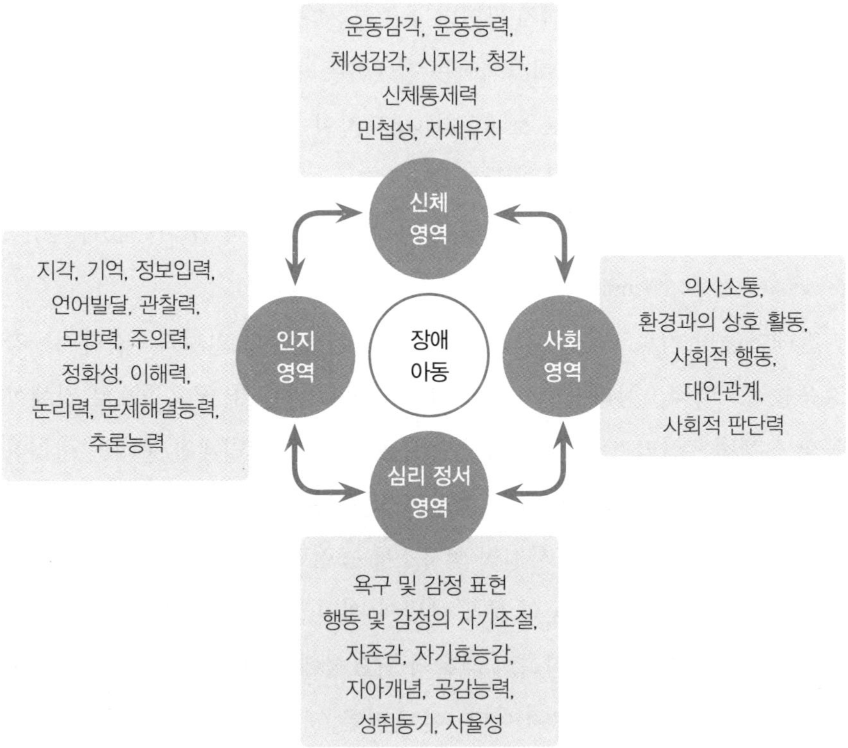

그림 1-2 **영역별 순환**

5. 장애아동의 심리재활 중재

1) 심리재활

장애아동의 심리재활은 자아경험 형태를 통해 장애 문제, 심리정서적·심리사회적 문제해결력으로 사회통합 및 적응능력을 기르는 것을 목적으로 하는 심리치료적 중재다. 우리나라의 장애아동 관련 저서들은 대부분 특수교육에 초점을 맞추거나 직업교육을 일부분 다루고 있는 실정이다. Herrmann(2003)은 유럽에서는 장애인 중에서도 지적장애인의 심리적 욕구에 관심을 가진 것은 얼마되지 않았다고 주장한다. 이는 다른 장애 영역도 다르지 않지만, 최근의 해외 저서에서는 장애아동의 심리적·심리사회적 필요성을 제시하고 일부 활동도 소개한다. 대표적인 예로는 장애아동을 위한 심리사회적 재활 영역으로 미술치료, 놀이치료, 음악치료, 운동치료, 감각운동치료, 원예치료, 정서행동치료, 이완훈련, 통합치료 등이 있다(Menzen, 2017; Myschker, 1999; Theunissen, 2016).

장애아동의 치료교육 및 심리재활의 기반은 아동의 인지적·감각적·감각운동적·미적·심리적·사회적 재활 관점을 다루며, 구체적으로 장애아동의 신체적·심리적, 사회적 성장을 목표로 한다. 심리재활 중재는 이러한 영역의 활동을 통해 장애아동의 감각, 근육운동 및 동작 능력의 향상, 통제력, 정서적 안정, 자신감과 사회적 의사소통 능력 등을 지원한다.

장애아동의 정서 및 행동의 문제 예방과 심리정서적·심리사회적 발달을 위해 조기교육과 치료와 심리적 재활의 필요성에 대한 조치는 "이차적 장애를 피하는 것"(Ohlmeier, 1994)이다. 이에 따른 Ohlmeier의 심리재활의 기본 원리는 다음과 같다.

• 가족의 정서적 지지, 일상생활 적응의 단계적 학습 및 연습으로 장애아동이 성장할 수 있도록 유치원, 학교, 지역사회가 연계된 부모교육 기관 구축
• 조기교육 및 아동의 장애 정도에 맞는 적절한 교육적 접근에서 장애의 부정적 특성을 완화하면서 심리적 · 심리사회적 안정과 성장을 위한 공동의 노력
• 부모, 교사 및 치료사의 협업과 개방성, 비장애 아동과 장애아동의 통합적인 교육을 통한 정서 및 행동의 성장 방안 모색
• 비장애 형제 자매 및 전 가족 동참 활동의 활성화 필요성 인식 및 실행

각 장애에 따라 관점의 정도가 다를 수 있지만, 치료사는 전반적 세부 영역을 다룰 수 있는 전문 영역과 특수교육의 기반을 갖추어 심리재활의 필요성과 중재 방안을 모색해야 한다. 여기에서는 미술심리재활 중심으로 소개하고자 한다.

2) 미술심리재활[1] 개요

Menzen(1994)은 "미술치료는 내적 심리, 감각 및 심리 운동에 작용하는 형태화 과정으로, 미적 매체로 이미지 형태 역동에서 반영되고, 그 결과 내적 또는 외적 삶의 관계와 생활 조건을 묘사하여 다루어 새로운 중심을 찾게 한다."라고 정의한다. 이에 따라 그는 미술치료를 재활 영역, 임상심리 영역과 심리치료 영역으로 구분하는데, 장애인을 위한 미술치료는 재활 영역에 해당한다. 장애인을 위한 재활 영역에서 미술치료는 신체적 · 감각운동적 · 상징

1) 미술심리재활은 기존의 미술치료 용어에 심리적 재활을 융합한 것으로 이해할 수 있다. 미술심리재활은 우리나라 발달재활에서 최근 사용되는 용어로 이에 대한 학문적 논의가 필요하다고 여겨진다.

적 영역으로 갈등과 어려움이 표현되는 것을 심리적으로 다룬다.

미술활동에서 아동은 자기 손으로 재료를 만지고 쓰다듬고 오리고 접고 풀을 붙이고 발로 점토나 물감이나 종이를 밟기도 하면서 자신을 표현할 다양한 기회를 얻는다. 이러한 미적 활동을 통한 창의적 경험과 자아 성장으로 연결된다. 미적 활동은 "능동적 지각과정으로 자극적이고 조화로운 경험을 가능하게 하는 대상과 개인의 상호작용"(Lowenfeld & Brittain, 1975)이다. 즉, 미적 활동은 아동의 인지, 정서, 운동감각과 사회성 발달에 영향을 미치는데, 이는 장애아동에게도 예외가 아니며 중요한 의미를 지닌다.

장애아동을 위한 미술치료 및 미술심리재활을 담당하는 미술치료사가 아동 그림의 표현과 메시지를 읽고 공감하며 지지해 줌으로써 장애아동은 자신과 타인과 세계와 비언어적 의사소통의 경험을 한다. 장애아동은 미술활동에서 더 이상 주변이나 사물이 위협적이거나 통제나 훈련의 대상이 아닌, 자신을 마음껏 표현할 수 있는 안전한 환경과 공간으로 경험한다. 장애아동은 이를 통해 자신이 어떤 것을 자발적으로 할 수 있다고 느끼며 심리적 · 정서적 · 사회적 성장이 이루어진다. 그러므로 미술치료사는 장애아동의 전체적인 면을 보아야 하고, 전인성을 개발한다는 기본 인식이 있어야 한다.

장애아동의 미술심리재활에는 교육을 비롯한 치료 영역과 마찬가지로 장애아동의 신뢰성이 중요한 축이 된다. Heijkoop(2014)은 다른 사람을 신뢰하지 않는 사람은 정서적 안정을 얻지 못하며, 자기 행동을 다루는 법을 배우지 않는 사람은 타인에게 지나치게 의존하게 된다고 한다. 이는 아동발달기에 있는 장애아동에게 중요한 의미가 되기에 치료사는 이를 항상 의식해야 한다. 더불어 치료사 및 교육사와 의사는 치료계획을 세우면 앞의 모든 영역을 단계적으로 수행해야 하며 한 영역에만 집중하면 성공할 수 없다고 한다. 치료계획은 4영역으로 나누는데, 어떤 단계에서는 한 영역에 더 집중되고 강조되기도 한다. Heijkoop의 치료계획 4영역을 미술심리재활 계획에도 적용할 수 있으므로 이를 소개하면 다음과 같다.

- 1영역: 치료계획과 관련된 모든 전문가는 장애아동이 문제행동을 다루는 능력 및 대체 행동을 개발하도록 돕는다.
- 2영역: 장애아동이 주변 환경에서 보고 듣고 느끼고 냄새 맡고, 다시 자율적으로 무엇을 할 수 있는 경험을 하게 한다. 아동은 다시 자신이 주변 환경에 영향을 미칠 수 있는 경험을 획득한다.
- 3영역: 1, 2영역은 장애아동이 다른 사람을 신뢰할 수 있는 경우에만 발생할 수 있다. 이러한 점에서 3영역에서는 장애아동이 안전한 의존성을 개발할 기회를 주어야 한다.
- 4영역: 장애아동의 일상 리듬을 회복하는 것 외에 긴장과 이완의 반복에도 주의를 기울인다. 이것은 부정적 · 긍정적 감정을 표현하는 데 도움이 된다.

이 4영역을 요약하여 제시하면 주변 환경 영향, 문제행동 조절 배우기, 타인 신뢰, 그리고 정서적 균형이다(Heijkoop, 2014, p. 105; [그림 1-3] 참조).

치료교육, 심리재활로서의 미술치료는 1980년대 초기에 심리학의 감각-지각심리적 전통을 수용하기 시작한 이래로 신경심리학적 지식도 이용할 수 있게 되었다. 장애아동 미술치료도 관련 전문가와의 긴밀한 연계가 기본이

그림 1-3 **장애아동 치료계획의 4영역**

다. 특히 장애아동 미술치료는 교육적 · 치료적 관점이 항상 연계되어 특수학교 및 특수학급에서 실시되며, 발달장애 센터나 조기 치료교육의 관련 기관도 장애아동의 학교생활 상태와 변화에 대한 정보를 나눌 수 있어야 한다. 이와 관련하여 교육적 미술치료와 임상적 미술치료로 나눌 수 있는데, 재활적 미술치료는 교육적 영역과 임상적 영역에서 모두 다루어진다.

Richter(1984)는 교육적 미술치료를 "교육에 바탕을 둔 미술치료로서, 장애 및 정서적 · 심리적 문제나 핸디캡을 지닌 아동 · 청소년이 미적 활동을 통해 자신의 문제나 장애를 회복하는 재활과 예방을 목표로 하는 치료 형태"로 정의한다. 반면, 임상미술치료의 개념은 "포괄적인 심리적 또는 정신과적 치료의 일부로서 정신장애에 미적 수단을 사용하는 활동 형태"(Richter, 1991)이며, 이는 학교 밖에서 이루어진다.

그러나 Bröcher(1997)는 장애아동을 위한 임상미술치료에도 교육적 바탕의 미적 관점에 대한 방향이 있는데, 이는 교육 지향 형태의 미술치료로 전환을 표시한다는 견해다. 그는 장애아동은 심리사회적 스트레스, 정신적 위기의 고조 등에 직면하기 때문에, 이미 임상미술치료 분야도 교육지원을 위한 학교의 예방 및 재활 과정과 특히 관련이 있기에, 교육과 수업, 교육적 미술치료의 경계가 확장되어야 하며, 이를 위해서는 각 영역의 수정과정이 필요하다는 것을 강조한다. 이는 장애아동 미술치료뿐 아니라 모든 미술치료는 "지원 및 상호작용 경험을 통한 자기표현, 의사소통, 사회적 연결 및 자기 인식을 강조"(NICE, 2014)하는 것과 맞물려 있다.

Richter(1984)는 장애아동 미술치료의 목표는 감각운동 영역, 인지 영역, 사회정서 영역의 장애 감소 및 이들 영역의 능력을 개발하는 목표가 동반되어야 한다고 강조한다. 어떤 형태의 미술치료든 장애아동 미술치료는 "장애아동 개인에 맞춘 프로그램을 적용하며, 재활 수단"(Richter, 1984)으로도 연결될 수 있다. 이와 관련하여 각 장애 영역의 미술치료는 출발단계에서 아동의 현 상황인 실제 상태를 분명하게 작성하고, 최종 목표도 계획하지만, 항상 변형 가능성을 고려하여, 단기계획, 중기계획과 장기 계획을 함께 세워야 한다(Bröcher, 1997; Richter, 1984; Theunissen, 1980). 장애아동 미술치료는 최대 몇 주의 단기 계획과 최대 몇 년으로 연결되는 장기계획이 이루어질 수 있어야 한다. 단기, 중기 및 장기 계획은 서로 다르면서도 밀접하게 연결되어 있어서, 미술치료사는 아동 개인의 상황과 발달 현상과 관련하여 항상 이 단계의 연속성을 고찰해야 한다.

참고문헌

교육부 국립특수교육원(2022). 2022 특수교육통계.

국립특수교육원(2016). **양육길라잡이**.

김동일, 송승헌, 전병운, 한경근(2010). **특수교육학개론**. 서울: 학지사.

Bleidick, U., Hagemeister, U., Kröhnert, O., von Pawel, B., & Rath, W. (1989). *Einführung in die Behindertenpädagogik II*. Stuttgart: Kohlhammer Verl.

Bröcher, J.(1997). *Kunsttherapie als Chance*. Heidelberg: Edition S.

Bundschuh, K.(1992). *Heilpädagogische Psychologie*. Basel: Ernst Reinhardt Verlag.

Fröhlich, A. (1994). Spezielle Förderungsmaßnahmen. In J. Fengler & G. Jansen (Hrsg.), *Handbuch der Heilpädagogischen Psychologie*. Berlin: Kohlhammer.

Hackett, S. S., Ashby, L., Parker, K., Goody, S., & Power, N. (2017). UK art therapy practice-based guidelines for children and adults with learning disabilities. *International Journal of Art Therapy, 22*(2), 84-94.

Haeberlin, U. (1990). *Das Menschenbild für die Heilpädagogik*. Stuttgart: Haupt.

Heijkoop, J. (1998/2014). *Herausforderndes Verhalten von Menschen mit geistiger Behinderung*. Weinheim: Beltz Juventa.

Herrmann, U. (2003). Kunsttherapie und geistige Behinderung: Positionen in Großbritannien und den USA. In K. Dannecker(Hg.), *Internationbal Perspektiven der Kunsttherapie*. Graz: Nausner & Nausner Verlag.

Lowenfeld, V., & Brittain, W. I. (1975). *Creative and Mental Growth*. New York: Macmillan Publishing Cl. Inc.

Menzen, K. H. (1994). *Heilpädagogische Kunsttherapie*. Freiburg im Breisgau: Lambertus-Verlag.

Menzen, K. H. (2017). *Kunsttherapie in der Föder-und Heilpädagogik*. Heidelberg: Edition S.

Moor, P. (1960). *Heilpädagogische Psychologie*. Stuttgart: Hans Huber.

Myschker, N. (1999). *Verhaltensstörungen bei Kindern und Jugendlichen*. Stuttgart: Kohlhammer.

NICE. (2014). *Schizophrenia: Coreinterventions in thetreatment and management of schizophrenia in adults in primary and secondarycare*. London: National Institute for Clinical Excellence.

Ohlmeier, G. (1994). *Früförderung behinderter Kinder*. Dortmund: verlag modernes lernen.

Richter, H.- G. (1984). *Pädagogische Kunsttherapie: Grundlegung, Didaktik, Anregungen*. Düsseldorf: Schwann.

Richter, H.- G. (1991). Vom Ästhetischen in Bildung und Erziehung, Förderung und Therapie. *Kunst + Unterricht, 158*, 34-38.

Sinason,V., & Stokes, J. (1992). Secondarymental handicap as a defence. In A. Waitman & S. Conboy-Hill(Eds.), *Psychotherapy and mental handicap*. London: Sage.

Speck, O. (1991). *System Heilpädagogik*. München: Reinhardt.

Speck, O. (2018). *Menschen mit geistiger Behinderung*. München: Ernst Reinhardt Verlag.

Theunissen, G. (1980). *Ästhetische Erziehung bei Verhaltensauffälligen*. Frankfurt am Main: Lang.

Theunissen, G. (2016). *Geistige Behinderung und Verhaltensauffälligkeiten*. Bad

Heilbrunn: Julius Klinkhardt Verlag.

장애인복지법(2021). https://www.law.go.kr

장애인 등에 대한 특수교육법(2021). https://www.law.go.kr

제2장

시각장애(최한)

●시각장애인의 날●

세계시각장애인연합회가 시각장애인들의 권리를 보호하고 사회적인 인식을 높이기 위한 취지로 매년 10월 15일을 동정이나 무능의 상징이 아니라 자립과 성취의 상징인 '흰 지팡이의 날'로 지정함

1. 정의

시각장애(visual impairment)는 시각계의 손상으로 발생하는 기능장애(시각, 시력, 시야, 시기능, 색각, 안구운동 등)를 총칭하며, 시각기능에 제한이 있는 장애로 학문 분야, 서비스 제공 목적에 따라서 교육적(「특수교육법」) 정의와 복지적(「장애인복지법」) 정의 그리고 의학적 정의로 분류된다. 「특수교육법」(2007)의 경우 교육적 관점에서 학령기 아동의 특수교육대상자의 교육적 목적으로 의미하고 있지만, 「장애인복지법」(2019)에 의한 장애 분류는 전 연령 공통으로 시각장애인의 복지적 목적을 의미한다.

1) 「특수교육법」의 정의

「특수교육법 시행규칙」(2016, 일부개정)상 시각장애는 시력, 시야의 제한 정도에 따라 시각장애, 맹, 저시각으로 정의된다.

〈표 2-1〉 **「특수교육법」의 시각장애 정의**

구분	판정 기준
시각장애 (visual impairment)	시각에 의한 학습 수행이 곤란하여 특정의 광학기구, 학습 매체 등을 이용하거나 촉각이나 청각을 학습의 주요 수단으로 사용하는 사람으로 맹과 저시각이 이에 속함
맹 (blindness)	시각계의 손상이 심하여 시각기능을 전혀 이용하지 못하는 상태
저시각 (low vision)	보조공학기기의 지원 등을 받아야만 시각적 과제를 수행할 수 있는 상태

출처: 특수교육법 시행규칙(2016, 일부개정).

2) 「장애인복지법」의 정의

법률 제16733호 「장애인복지법 시행규칙」(2022, 일부개정)상 시각장애의 정의는 〈표 2-2〉와 같다.

〈표 2-2〉 「장애인복지법」의 시각장애 정의

장애정도	장애상태
장애의 정도가 심한 장애인	1. 좋은 눈의 시력이 0.02 이하인 사람 2. 좋은 눈의 시력이 0.04 이하인 사람 3. 좋은 눈의 시력이 0.06 이하인 사람 4. 두 눈의 시야가 각각 모든 방향에서 5도 이하로 남은 사람
장애의 정도가 심하지 않은 장애인	1. 좋은 눈의 시력이 0.1 이하인 사람 2. 두 눈의 시야가 각각 모든 방향에서 10도 이하로 남은 사람 3. 좋은 눈의 시력이 0.2 이하인 사람 4. 두 눈의 시야가 각각 정상시야의 50% 이상 감소한 사람 5. 나쁜 눈의 시력이 0.02 이하인 사람 6. 두 눈의 중심시야에서 20도 이내에 겹보임(복시)이 있는 사람

출처: 장애인복지법 시행규칙(2022).

3) 의학적 정의

시각장애의 의학적 정의는 시력과 시야에 의해 결정된다. 시력(visual acuity)은 사람이 볼 수 있는 명료도를 의미하며, 시야(visual field)는 눈으로 정면의 한 점을 주시하고 있을 때 그 눈에 보이는 외계의 범위를 의미한다(〈표 2-3〉 참조).

〈표 2-3〉 시각 기능에 따른 의학적 정의

안 질환	시각 손상	시각 불능	시각장애
정상상태에서 병적으로 일탈된 이상 상태	안 질환으로 인하여 안경 등으로 광학적 교정처치를 해도 잔존 시기능 등이 회복 불가능한 상태	시각손상이 원인이 되어 일상생활이나 사회생활이 불가능한 상태	시각적 기능장애를 가진 개인이 사회생활을 영위할 때 직면하는 사회로부터의 분리로 사회적 자립, 직업적 자립이 제한된 상태

세계보건기구(WHO)는 기능 및 장애와 관련된 건강 요소들에 대해서 국제적으로 일치된 모형을 제시하고 일반화된 장애의 개념을 정의하기 위해서 2001년에 국제 기능 · 장애 · 건강 분류(International Classification of Functioning, Disability and Health: ICF)를 제시하였다. 최신 개정판 ICF(WHO, 2016)는 시각장애를 〈표 2-4〉와 같이 정의한다.

〈표 2-4〉 ICF의 시각장애 정의

구분	판정 기준
시각장애	빛의 존재를 감지하고 시각자극의 형태, 크기, 모양 및 색의 감지와 관련된 감각 기능상에서 시력기능, 시야기능, 시각의 질, 빛과 색을 감지하는 기능, 원거리 시력과 근거리 시력, 한 눈 시력과 양 눈 시력, 시상의 질, 근시, 원시, 난시, 반맹, 색맹, 터널시야, 중심 암점, 주변 암점, 복시, 명순응 손상 및 야맹증과 같은 손상

출처: WHO (2016).

2. 출현율 및 원인

1) 출현율

(1) 장애 출현율

세계적으로 시각장애인은 약 2억 8,500만 명으로 알려져 있다(WHO, 2014). 우리나라의 경우, 「장애인복지법」 제31조에 근거하여 매 3년마다 실시되고 있는 장애인실태조사(보건복지부, 2020)에 따르면, 우리나라 인구 1,000명당 시각장애인 출현율은 20대 0.9명, 30대 1.89명, 40대 3.29명, 50대 6.68명, 60대 9.84명, 70대 25.69명으로 나이가 많을수록 증가하는 것으로 나타났다(보건복지부, 2020).

(2) 특수교육대상자 출현율

특수교육 실태조사 특수교육통계(교육부, 2022)에 따르면 전체 특수교육대상자 103,695명 중 시각장애 아동은 1,753명으로 1.7%의 비율을 차지하고 있다. 연도별 장애영역별 학생 현황에 따르면 전체 특수교육대상자에서 시각장애 아동이 차지하는 비율이 2014년 3.0%, 2015년 2.9%, 2016년 2.5%, 2017년 2.5%으로 지난 5년간 0.6%가 감소되었다. 이는 2015년부터 2018년까지 전체 특수교육대상자의 비율이 4.0% 증가한 것과 상반되는 것으로 나타났다. 장애영역별 특수학교 현황을 살펴보자면 총 전국 192개의 특수학교 중 시각장애 특수학교가 13개로 6.8%의 비율을 차지하고 있다.

2) 구조, 기능 및 원인

(1) 구조

눈은 크게 눈알(안구)과 눈 부속 기관으로 이루어져 있는데, 이 중에서 눈알은 3개의 얇은 막인 외막, 중막, 내막이 3개의 안내용물(수정체, 유리체, 방수)을 감싸고 있는 형태를 띠고 있다. 이 중에서 빛의 이동 경로에 있는 눈의 주요 기관에는 각막, 홍채, 방수, 수정체, 망막, 시신경, 유리체 등이 있다.

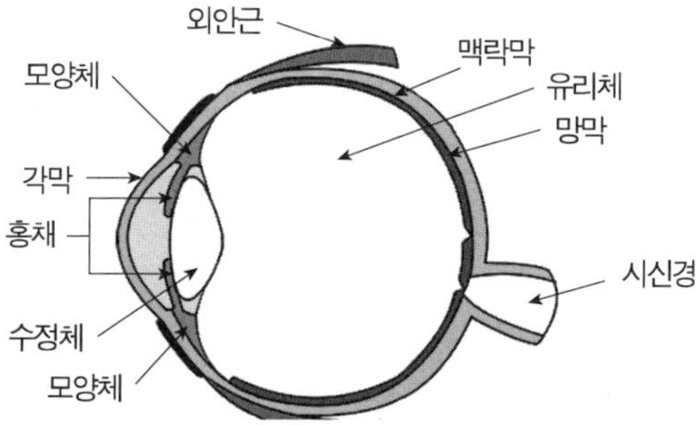

그림 2-1 **눈의 구조**

〈표 2-5〉 **눈의 구조와 기능**

구분	기능
각막	눈은 검은자와 흰자로 이루어져 있는데, 이 중 검은자를 덮고 있는 부위
홍채	수정체와 각막 사이에 있는 외부로부터 눈으로 들어오는 빛의 양을 조절해 주는 부위
방수	눈의 각막과 수정체 사이에 있는 공간에서 순환하는 맑은 액체
수정체	눈 안쪽의 양면이 볼록한 렌즈 형태를 한 투명한 조직
망막	신경세포와 신경교세포로 이루어져 있으며, 색을 감지하고 해상력이 좋고 예민하게 반응하는 곳
시신경	감각신경으로 시각의 흥분을 전달하는데, 망막을 통해 들어온 시각 정보를 전기적 자극을 통해 대뇌로 전달하는 신경
유리체	유리체는 안구의 형태를 유지하고 투명도를 유지함으로써 상이 망막에 맺히도록 하는 역할을 하는 부위

출처: 고주연 외(2020).

(2) 기능

시각의 기능은 다음의 〈표 2-6〉과 같다.

〈표 2-6〉 **시각의 기능**

구분	정의
탐지	물체가 거기에 있는지를 아는 것
인지	물체의 명칭을 대거나 그 물체에 관해 무언가를 특수화할 수 있는 것
분해	개개의 성분을 분해하여 보는 것
정위	한 직선의 위쪽 절반이 미미하게 기울어져 있는 듯한 물체 일부분에 있는 근소한 변위를 탐지하는 것

출처: 박순희(2014).

(3) 원인

시각장애를 초래하는 원인은 다양하며(Gilbert et al., 1999), 개인의 생활 수준, 처해 있는 환경, 영양 상태, 오염 노출 정도, 발달단계에 따른 변화 등에 의해 나타나는 양상이 다르다. 시각장애와 관계되는 대표적인 시각 질환은 다음과 같다.

① 발달 단계에서의 원인

연령별 주요 시각발달의 과정은 다음의 〈표 2-7〉과 같다.

〈표 2-7〉 **연령별 주요 시각발달의 단계**

연령	중요한 시력 발달 과제	시력표상의 시력
신생아	• 빛을 느끼고 큰 물체가 있는 것을 흑백으로 알아 보는 정도 • 시야는 상하 30도 좌우 정도만 볼 수 있는 상태	0.03 정도의 시력

생후 3개월	• 원색의 색깔을 인지하기 시작, 눈앞에 사물을 쳐다보고 따라간다. • 공가 상의 물체의 전후 위치를 알아보는 입체시(stereoscopic vision)[1]가 발달하기 시작	0.15 정도의 시력
첫돌 무렵	• 시력 발달이 가장 왕성하게 일어나는 시기 • 성인의 비슷한 크기의 시야를 갖게 됨	0.3~0.4 정도의 시력
만 3~5세경	• 해부학적(모양과 형태)으로는 성인 수준의 모양과 형태를 가진 시세포[2]를 완성	0.8~1.0 정도의 시력
만 8~9세경	• 시력 발달의 완성 단계로, 해부학적으로나 기능적으로나 성인과 거의 동일한 수준의 능력을 갖춰 감	1.0 근처의 시력이면서, 고도의 입체시를 가짐
만 10세경	• 시각을 담당하는 신경계통의 가변성이 거의 없어지는 시기, 즉 시력 발달의 가능성이 거의 소진되는 시기	1.0 근처의 시력이면서, 고도의 입체시를 가짐

② 주요 질병 원인

• 백내장

백내장(cataract)은 수정체에 혼탁이 생겨 투명성을 소실하게 되면 광선이 눈 속으로 들어오는 것을 방해하여 시력 저하를 초래하는 안질환이다(Klein et al., 1992). 백내장은 실명의 가장 흔한 원인이지만, 동시에 수술을 통해서 치료가 가능한 비용-효율이 높은 안질환이다(Baltussen, Sylla, & Mariotti, 2002). 발병 시기에 따라 선천성 백내장과 후천성 백내장으로 구분된다. 선천성 백내장의 경우 발병 원인이 불분명하거나 선천적인 소인에 의한 유전성인 경우와 모체의 감염으로 인해 태내 감염 및 대사 이상, 또는 태아의 산소 결핍 등에 의해서 발병될 수 있다. 후천성 백내장의 경우 노인성 백내장의 발생비율이 가장 높으며, 외상이나 전신적인 질환, 안내염 및 독성물질에 노출에

1) 물체의 깊이를 지각할 수 있고, 멀리 있는지 가까이 있는지 판단할 수 있는 시각기능
2) 망막에 존재하며, 빛의 자극을 받아들이는 눈의 감각 세포

의해서도 생길 수 있다. 백내장의 대표적인 증상은 시력감퇴이며, 수정체 혼탁의 위치, 정도 및 범위에 따라 증상 수준의 정도가 천차만별이다. 수술 후에는 안경이나 콘택트렌즈를 착용함으로써 교정시력을 되찾게 된다. 근래에는 의술의 발달로 원래 수정체가 위치하던 자리에 인공수정체를 삽입하여 시력교정에 큰 불편을 덜게 되었다(한국시각장애인협회, 2021).

• **녹내장**

녹내장(glaucoma)은 높은 안압으로 시신경위축과 시야손상을 특징으로 하는 질환으로 조기 발견하여 적절히 치료하지 않으면 심한 경우 실명에 이르는 질환이다(Park et al., 2012).

• **황반변성**

황반변성(macular degeneration)은 녹내장, 당뇨망막병증과 함께 실명을 일으키는 3대 안과질환이며, 우리나라를 비롯하여 전 세계적으로 황반변성 질환의 유병률과 발생빈도가 점점 증가하고 있다(서울아산병원, 2021).

• **당뇨망막병증**

당뇨망막병증은 망막의 미세혈관이 손상되는 질환으로, 당뇨병의 합병증 중에서 가장 무서운 질환이다. 실명 원인 중에서 높은 비중을 차지하고 있다(서울아산병원, 2021).

③ 사회환경적 원인

태아기에 약물, 방사선 노출, 흡연, 알코올, 환경오염 물질 노출 등의 다양한 원인이 있으며 현재까지 주요 원인을 밝히지 못하고 있다.

3. 판정 및 분류

1) 판정

(1) 판정 기준

보건복지부(2021)가 제시한 시각장애 판정기준은 다음과 같다.

가. 장애진단기관 및 전문의

시력 또는 시야결손정도, 겹보임(복시) 정도의 측정이 가능한 의료기관의 안과 전문의

나. 진료기록 등의 확인

장애진단을 하는 전문의는 원인 질환 등에 대하여 6개월 이상의 충분한 치료 후에도 장애가 고착되었음을 진단서, 소견서, 진료기록 등으로 확인하여야 한다(필요시 환자에게 타 병원 진료기록 등을 제출하게 한다). 다만, 장애 상태가 고착되었음이 전문적 진단에 의해 인정되는 경우 이전 진료기록 등을 확인하지 않을 수 있다. 이 경우 이에 대한 의견을 구체적으로 장애정도 심사용 진단서에 명시하여야 한다.

다. 장애진단 및 재판정 시기

(1) 장애의 원인 질환 등에 관하여 충분히 치료하여 장애가 고착되었을 때에 진단하며, 그 기준 시기는 원인 질환 또는 부상 등의 발생 또는 수술 이후 6개월 이상 지속적으로 치료한 후로 한다. 다만, 안구적출 등 장애의 고착이 명백한 경우는 예외로 한다.

(2) 수술 또는 치료 등의 의료적 조치로 기능이 회복될 수 있다고 판단하는 경우에는 장애진단을 처치 후로 유보하여야 한다.

(3) 향후 장애정도의 변화가 예상되는 경우에는 반드시 재판정을 받도록 하여야 한다. 이 경우 재판정의 시기는 최초의 판정일로부터 2년 이상 경과한 후로 한다. 2년 이내에 장애상태의 변화가 예상될 때에는 장애의 판정을 유보하여야 한다.

(4) 재판정이 필요한 경우에 장애진단을 하는 전문의는 장애정도 심사용 진단서에 그

시기와 필요성을 구체적으로 명시하여야 한다.

(5) 각막혼탁으로 각막이식술이 필요한 경우나 국내 여건 또는 장애인의 건강상태 등으로 인하여 수술 등을 받지 못하는 경우는 최초 판정일로부터 3년 이후의 일정한 시기를 정하여 재판정을 하여야 한다. 각막이식술을 받은 경우는 이식수술 1년 후 재판정을 받는다.

(6) 장애인의 건강상태 등으로 인하여 백내장 수술을 받을 수 없는 경우 매 2년마다 재판정을 받도록 한다. 다만, 검사 등을 통해 백내장 수술 후 시력 개선의 여지가 없을 것으로 확인되면 재판정을 하지 않을 수 있다.

(7) 백내장 수술을 받은 경우는 백내장 수술 6개월 후 반드시 재판정을 받도록 한다.

라. 판정 개요

(1) 시력장애와 시야결손장애, 겹보임(복시)으로 구분하여 판정한다.

(2) 시력은 안경, 콘택트렌즈 등을 포함한 시력교정법을 이용하여 측정된 최대교정시력을 기준으로 한다.

(3) 시력은 공인된 시력표에 의해 측정된 것을 사용할 수 있다. 시력표에 규정된 거리에서 같은 줄의 여러 시표 중 옆으로 반 이상의 시표를 정확하게 읽은 경우에만 그 줄의 시력으로 인정한다. 0.1보다 나쁜 시력을 측정할 경우에는 ETDRS 시력표나 저시각용 시력표(low vision chart)를 사용할 것을 권장한다. 이와 같은 시력표가 없는 경우에는 0.1과 0.2의 시표를 가까이 다가가서 보게 하여 측정하여 각각을 비교한다. 예를 들어 4m용 시력표에서 0.1시표의 3개 중 2개를 읽으면 0.1이 되고, 0.2시표의 5개 중 3개를 2m에서 읽었다면 시력은 0.1(0.2×2/4)이 되며, 이 0.2시표를 1m에서 읽었다면 시력은 0.05(0.2×1/4)가 된다(교정시력 기재시 반드시 굴절력을 표기한다).

(4) 양안이 안전수지 등으로 표현되는 시력은 모두 '좋은 눈의 시력이 0.02 이하인 사람(장애의 정도가 심한 장애인)'으로 판정한다.

(5) 한 눈을 실명한 경우를 '두 눈의 시야가 각각 정상시야의 50% 이상 감소한 사람'으로 판정할 수 없다.

(6) 시야검사는 중심 30도 이내 시야정도를 기준으로 판정하며, 동적시야검사가 원칙이나 경우에 따라 정적시야검사를 할 수 있다. 검사기계의 종류로는 골드만시야계 또

는 험프리시야계 등 공인된 시야검사계로 측정한 결과를 기준으로 판정한다. 골드만시야검사계와 험프리자동시야계의 동적시야검사를 사용할 때는 시표는 Ⅲ-4e로 한다. 옥토퍼스시야계로 할 때는 상기 두 검사의 자극강도인 10 dB에 상응하는 자극강도인 7dB로 한다. 피검자의 최대교정시력이 0.2 미만이거나 말기녹내장에서는 시표크기를 'V'로 한다. 정적시야검사 결과지의 신뢰도 지표가 낮은 경우에는 골드만시야검사로 판정하며, 이때 '비고란'에 피검사자의 중심부 주시정도 및 협조도를 기록해야 한다. 고도근시와 무수정체안은 콘택트렌즈를 착용한 상태에서 검사하며 무수정체안은 Ⅳ-4e 시표를 사용한다.

(7) 객관적인 눈의 상태에 비해 시력의 현저한 저하가 있을 때는 반드시 전안부 검사, 망막 검사, 시신경검사를 시행하여 시력 저하가 타당한 지 여부를 판단한 후 시각장애 판정을 한다. 또한 장애를 판정하기 위해서는 각막이나 수정체가 그 원인이면 전안부 사진(각막 또는 수정체 사진)을 확인하고, 그 외에는 시신경과 황반이 포함된 망막 사진과 시유발전위검사를 확인해야 한다.

(8) 두 눈으로 볼 때 하나의 물체가 둘로 보이거나 겹쳐 보이는 겹보임(복시)의 장애정도는 동적 복시시야검사기로 측정한 결과를 기준으로 판정하되, 필요시 Hess Screen 검사, 안구 운동사진 등을 참고하여 종합적으로 판단할 수 있다.

(9) 겹보임(복시)은 마비사시 혹은 제한사시로 인해 프리즘 혹은 수술적 치료에도 불구하고 영구적으로 남은 경우에 한하여, 프리즘 고정 전 사시각이 5프리즘 디옵터 이상이 되어야 인정한다.

출처: 보건복지부(2022).

(2) 판정 방법

시력장애 판정을 위한 검사에는 객관적 시력 검사와 주관적 시력 검사가 있다.

① 객관적 시력 검사

능동적으로 시표를 읽거나 의사를 표현하는 등의 방법으로 시력을 검사하는 데 어려움이 있는 대상자의 신체적 반응이나 뇌파를 측정하여 시력을 검사하는 방법이다.

② 주관적 시력 검사

〈표 2–8〉은 국민건강보험공단에서 제공하는 영유아 건강검진 문진표에서 시각과 관련된 보호자용 자가 설문 내용이다. 문진표에서 해당하는 사항이 있는지 확인하고 항목 중 '예'에 해당하는 항목이 하나라도 있다면 안과 검진 대상이다.

〈표 2-8〉 **영유아 건강검진 문진표**

구분	시기	설문 내용	예	아니요
1차 검진	생후 4~6개월	아이가 눈을 잘 맞춥니까?	①	②
		눈동자의 위치가 이상합니까?(안쪽으로 몰리거나 초점 없이 밖으로 향합니까?)	①	②
		검은 눈동자(동공)가 혼탁합니까?	①	②
		가족 중에 눈과 관련된 유전질환을 가진 사람이 있습니까?	①	②
2차 검진	생후 9~12개월	눈을 잘 맞추지 못하거나 눈동자가 흔들립니까?	①	②
		검은 눈동자(동공)가 혼탁합니까?	①	②
		정면(앞에 있는 사물)을 볼 때 늘 얼굴을 돌려 옆으로 쳐다보거나 고개를 기울이고 보는 편입니까?	①	②
		책, TV, 물건 등에 너무 가까이 다가가서 보거나 찡그리고 봅니까?	①	②
3차 검진	생후 18~24개월	눈을 잘 맞추지 못하거나 눈동자가 흔들립니까?	①	②
		검은 눈동자(동공)가 혼탁합니까?	①	②
		정면(앞에 있는 사물)을 볼 때 늘 얼굴을 돌려 옆으로 쳐다보거나 고개를 기울이고 보는 편입니까?	①	②
		책, TV, 물건 등에 너무 가까이 다가가서 보거나 찡그리고 봅니까?	①	②

3차 검진	생후 30~36개월	눈을 잘 맞추지 못하거나 눈동자가 흔들립니까?	①	②
		정면(앞에 있는 사물)을 볼 때 늘 얼굴을 돌려 옆으로 쳐다보거나 고개를 기울이고 보는 편입니까?	①	②
		책, TV, 물건 등에 너무 가까이 다가가서 보거나 찡그리고 봅니까?	①	②
		아이의 한쪽 눈을 가리고 보게 했을 때 두 눈의 시력이 서로 다르다고 느껴집니까?	①	②
5차 검진	생후 42~48개월	눈동자의 위치가 이상합니까?	①	②
		정면(앞에 있는 사물)을 볼 때 늘 얼굴을 돌려 옆으로 쳐다보거나 고개를 기울이고 보는 편입니까?	①	②
		책, TV, 물건 등에 너무 가까이 다가가서 보거나 찡그리고 봅니까?	①	②
		아이의 한쪽 눈을 가리고 보게 했을 때 두 눈의 시력이 서로 다르다고 느껴집니까?	①	②
6차 검진	생후 54~60개월	눈동자의 위치가 이상합니까?	①	②
		정면(앞에 있는 사물)을 볼 때 늘 얼굴을 돌려 옆으로 쳐다보거나 고개를 기울이고 보는 편입니까?	①	②
		책, TV, 물건 등에 너무 가까이 다가가서 보거나 찡그리고 봅니까?	①	②
		아이의 한쪽 눈을 가리고 보게 했을 때 두 눈의 시력이 서로 다르다고 느껴집니까?	①	②
7차 검진	생후 54~60개월	눈동자의 위치가 이상합니까?	①	②
		정면(앞에 있는 사물)을 볼 때 늘 얼굴을 돌려 옆으로 쳐다보거나 고개를 기울이고 보는 편입니까?	①	②
		책, TV, 물건 등에 너무 가까이 다가가서 보거나 찡그리고 봅니까?	①	②
		아이의 한쪽 눈을 가리고 보게 했을 때 두 눈의 시력이 서로 다르다고 느껴집니까?	①	②

출처: 국민건강보험공단(2021).

2) 분류

(1) 시력의 분류

시력은 공간상에서 분리된 두 물체를 눈으로 인지하는 능력으로, 자극점 위치에 따른 분류와 정의는 〈표 2-9〉와 같다.

〈표 2-9〉 **시력 분류와 정의**

구분	정의
최소가시시력	눈으로 느낄 수 있는 최소 광선량
최소분리시력	눈앞에서 손을 좌우로 움직일 때 이를 알아볼 수 있는 정도
최소가독시력	자기 앞 1m 전방에서 손가락 수를 셀 수 있는 상태
버니어시력	두 개의 선이 어긋나 있는지를 인식하는 능력

출처: 김현승 외(2020).

(2) 시각기관 손상 부위에 따른 분류

시각기관 손상 부위에 따른 분류와 정의는 〈표 2-10〉과 같다.

〈표 2-10〉 **ICD-10의 시각장애 정의**

구분	판정 기준
시력장애	시력이 현저하게 저하되어 있거나 물체가 보이지 않는 장애
시야장애	보이는 범위가 좁아져 시야의 50% 이상이 축소되었거나 터널 시력이 된 장애
광각장애	낮에 보는 추상시세포와 밤에 보는 간상시세포가 손상을 받거나, 그 수가 어느 한쪽이 선천적으로 부족하여 밝은 곳에서 잘 보이지 않거나 밤에 보이지 않는 장애
색각장애	색약이나 색맹의 상태
굴절장애	빛의 굴절에 문제가 있어 난시가 되거나, 근시, 원시 등으로 초점이 망막에 맺히지 못하는 장애
조절장애	수정체의 두께 조절이 잘 안 되거나, 안구를 움직이는 동안 근이 잘 조절되지 못하는 장애
양안시장애	한쪽 눈이 잘 보이지 않거나 시력이 현저히 낮아 입체시를 이루지 못하는 장애

출처: WHO (1993).

(3) 시각의 질 분류

시각의 질 분류와 분류별 정의는 〈표 2-11〉과 같다.

〈표 2-11〉 **ICF의 시각의 질 분류와 정의**

구분	정의
광민감도	• 최소량의 빛(최소한도의 빛)을 감지하고 최소한의 빛 강도 차이를 구별할 수 있는 시각기능 • 야맹증(빛에 대한 민감도 저하)과 눈부심(빛에 대한 과민성)과 같은 손상 암순응 기능
색각	• 색깔을 구별하고 맞추는 시각기능
대비민감도	• 필요한 빛의 최소량과 관련된, 배경에서 형태를 구별하는 시각기능
시상의 질	• 상의 선명도와 관련된 시각기능

출처: WHO (2016).

(4) 굴절이상 분류

굴절이상(refraction error)은 눈의 굴절에 이상이 있어 초점을 제대로 맞추지 못하는 상태를 의미한다. 굴절이상은 안경, 콘택트렌즈 같은 시력교정기 또는 라식과 라섹, 안내렌즈삽입술 같은 시력교정술로 굴절이상을 교정할 수 있다. 굴절이상의 분류와 정의는 다음의 〈표 2-12〉와 같다.

〈표 2-12〉 **굴절이상 분류와 정의**

구분	정의
근시	• 가까운 곳이 잘 보이고 먼 곳이 잘 보이지 않는 상태
원시	• 평행광선이 망막 뒤에 결상되는 상태
난시	• 모든 방향으로 각막을 통과한 빛의 굴절력이 균일하지 않고 눈의 경선에 따라 차이를 보이는 상태

(5) 시야 분류

시야는 사물이나 생물 등을 관찰할 수 있는 각도적 · 선형적 · 지면적 범위를 뜻한다. 시야 분류와 정의는 다음의 〈표 2-13〉과 같다.

〈표 2-13〉 **시야 분류와 정의**

구분	정의
수직시야	• 눈썹에서 뺨까지 140° 정도
수평시야	• 단안 150° • 양안 180°
복시	• 2021년 4월 13일부터 시각장애의 인정기준에 '두 눈의 중심 시야에서 20° 이내에 겹보임(복시)이 있는 사람'이 추가됨

(6) 시력상태에 따른 분류

WHO(2016)의 시력상태별 과제수행 정도에 따른 분류와 정의는 다음과 같다.

〈표 2-14〉 **시력상태, 과제수행 정도에 따른 분류와 정의**

구분	정의
전맹(Totally Blind)	시력이 전혀 없는 상태
광각(Light Perception)	암실에서 광선 인식할 수 있으며, 빛 유무의 구분 가능한 상태
수동(Hand Movement)	눈 앞에서 손 흔드는 것을 구별할 수 있는 상태
지수(Count Finger)	자기 앞에서 손가락 수를 셀 수 있는 상태

출처: WHO(2016).

(7) 색각 이상에 따른 분류

색각 이상(color vision deficiency)은 흔히 색맹 또는 색약으로 알려져 있는데, 색맹이란 용어는 글자 그대로 색 전체를 보지 못한다는 의미다. 녹색, 청색, 적색을 모두 구별하지 못해 사물이 회색으로 보이는 완전색맹은 극히 드물고 특정 색상에 대한 분별능력에 이상이 있는 경우가 많아 해당 색상을 지칭해 각각 적 · 녹 · 청색약 혹은 색맹으로 분류한다. 색각 이상은 남성이 여성보다 많으며 적 · 녹색약의 비율이 가장 많다(이학준, 김창식, 김홍균, 1999).

색각 이상에 따른 분류는 다음의 〈표 2-15〉와 같다.

〈표 2-15〉 **색각 이상에 따른 분류**

이상 삼색형 색각 (Anomalous trichromat)	이색형 색각 (Dichromat)	단색형 색각 (Dichromat)
• 적색약(제일색약) Protanomaly, Red weak)	• 적색맹(제일색맹) (Protanopia, Red-blind)	• 윈전색맹 (Rod monochromatism)
• 녹색약(제이색약) (Deuteranomaly, Red-weak)	• 녹색맹(제이색맹) (Deuteranopia, Green-blind)	• 단원뿔세포 완전색맹 (Cone monochromatism)
• 청색약(제삼색약) (Tritanomaly, Blue-weak)	• 청색맹(제삼색맹) (Tritanopia, Blue-blind)	

출처: 질병관리청(2021).

(8) 장애 출현 시기에 따른 분류

장애 출현 시기에 따라 선천성 시각장애와 후천성 시각장애로 구분된다. 시각장애 원인의 92.4%가 후천적 원인으로 인한 질병이나 사고에 의해 발생한다(Harrison, 2010). 다음의 〈표 2-16〉은 장애 출현 시기에 따른 분류와 정의이다.

〈표2-16〉 **장애 출현 시기에 따른 분류와 정의**

구분	정의
선천성 시각장애	• 태어나면서 또는 태어나자마자 장애를 입게 된 경우 • 사물, 장소, 사람 등에 대한 시각적 기억이 생기기 전에 맹이 발생한 경우
후천성 시각장애	• 출생 이후의 일생 중 장애를 얻게 되어 시각적 기억이 생긴 후에 맹이 발생한 경우

출처: 질병관리청(2021).

(9) 장애 진행 정도에 따른 분류

장애 진행 정도에 따른 분류와 그 정의는 다음의 〈표 2-17〉과 같다.

〈표 2-17〉 **장애 진행 정도에 따른 분류와 정의**

구분	정의
급성	장애의 진행이 급격하게 이루어져 나타나는 경우
진행성	장애의 진행이 서서히 이루어지면서 나타나는 경우

출처: 질병관리청(2021).

4. 특성

시각은 인간이 받아들이는 외부환경 정보의 90% 이상을 차지할 뿐 아니라 다른 감각들을 중재하는 역할을 담당하며, 주변 환경과 소통하며 타인과 관계를 맺고 일상생활을 영위하는 데 필요한 핵심 능력이다(전은영, 하태희, 2020). 장애 정도, 장애 출현 시기, 장애 진행 정도, 개인의 장애 수용 상태 그리고 개별 인구학적 특성에 따라 인지적 · 신체적 · 심리정서적 그리고 사회적 특성을 일반화하기는 어렵다.

1) 인지적 특성

시각 손상은 개념화된 자기(conceptualized self) 형성, 지각(perception) 그리고 언어발달에 영향을 미친다. 특히 오감을 통해 받아들인 정보를 통합하는 기능에 문제가 발생하여 개념화된 자기화 형성지연이 된다(국립특수교육원 양육길라잡이, 2016). 시각장애 아동은 비장애 아동과 비교하면 다양한 삶의 경험 기회가 줄어들게 되므로 사물, 신체, 공간 지각에 대한 인지적 학습이 지체된다.

2) 신체적 특성

시각장애 아동은 시각 정보 부족으로 인하여 대체 감각기관에 의존하므로 신체활동이 부족하며 균형감각 습득과 신체 발달이 지연된다(Hatton et al., 1997). 이 때문에 과체중 및 고도비만이 높으며 성인기 진입 이후 골다공증, 비만, 고혈압 등의 성인병 질환에 이환될 위험이 높다(Jang, An, & Kim, 2016). 중도시각장애 아동의 경우, 선천적 시각장애 아동에 비해 건강과 관련된 삶의 질이 현저히 낮다(Song, Jin, & Kim, 2016).

만 5세 이전에 시력을 잃은 아동은 시각적 상(visual image)을 형성하지 못하여 아동이 시각을 통한 모방 학습이 제한된다. 따라서 성장과정에서 필수적인 다양한 신체기능을 습득하여 강화하기 어렵고, 전방에 대한 불안으로 인해 비정상적인 보행 패턴이 고착되며 신체가 위축된다(Yi, 2011). 시각장애인이 겪는 어려움 중 가장 큰 것이 보행의 어려움이다. 외출 시 보행에 가족이 동반되어야 하는 불편함이 있어 자신의 생활을 하는 데 필요한 시각적 제약이 부담될 수 있고, 시각적 부담이 신체적 피로로 연결되어 심리적 부담으로 이어질 수 있다.

3) 심리정서적 특성

후천적 요인으로 인한 시각의 상실은 선천적 요인으로 인한 시각 상실과 비교하여 높은 스트레스와 상실감을 경험한다(Jessup, Cornell, & Bundy, 2010). 또한 장기적으로 아동의 삶에 제한되고, 세상과의 상호작용에 부정적 영향을 미치게 된다. 중도 실명자의 경우, 비장애인과 비교하면 우울과 자살사고가 2~3배 정도 높다고 보고되고 있다(심종우, 한승한, 2012).

4) 사회적 특성

시각장애 아동은 시각적 기능의 문제로 사회적 상호작용이 어려우므로 관찰과 모방을 통해서 습득하게 되는 사회성 기술의 습득이 지체된다(de Verdier, Ulla, Lofgren, & Fernell, 2018). 시각장애 아동은 상동행동을 보이거나 낯선 상황에 대한 과민한 두려움을 표현하기도 하며, 보호자와 분리될 경우나 낯선 자극에 노출될 경우에 거부하는 특성을 보인다. 시각장애인과 시각장애인 가족의 경우에는 장애 자체로 인한 스트레스보다 사회적 · 물리적 환경, 경제적 수준, 사회적 인식, 도로 및 교통 편의시설 등으로 인한 스트레스가 더 많다.

5. 미술심리재활

1) 기본원리

시각장애 아동에게 촉각 미술 매체를 사용하는 미술치료는 촉각 중심의 감각 경험을 활용하여 감정을 이해하는 것으로 출발한다(주리애, 2021). 시각장애인에 대한 미술치료의 가능성을 언급한 Kramer(1971)와 Levens(1986)는 시각 매체를 활용하는 미술치료는 시각장애인의 사회적 편견과 선입관을 극복하며 자신의 삶을 능동적인 주체로 인식하는 과정이라고 제시한다.

장애인, 노인 등이 일상생활 및 직업생활, 교육활동 등을 잘 영위할 수 있도록 도움을 주고자 개발된 보조공학기기(assistive technology device)에는 소프트웨어 및 하드웨어를 포함한 전자공학기술이 채용된 기기와 물리적 기능을 향상시키는 기구장치 등이 포함된다. 시각장애인을 위한 보조공학기기로는 점자정보 단말기(시각장애인용 컴퓨터), 확대용 CCTV, 점자프린터, 음성합성 소프트웨어(스크린리더), 확대용 소프트웨어, 점자변환 소프트웨어 등이 있다(한국시각장애인연합회, 2021). 이러한 보조공학기기의 개발과 보급은 저시각 아동들의 미술 활동의 가능성을 높이며 미술치료에서는 아동의 표현력과 문제해결 능력을 높일 수 있다(Rodriguez, 2015).

독립 보행은 시각장애인의 자립 생활에서 가장 기본적으로 갖추어야 할 능력이다. 시각장애인은 대중교통을 이용하고 독립 보행을 하는 데 어려움 겪는 교통약자이다. 시각장애인 보행훈련은 지팡이 보행, 안내견 보행, 촉각지도를 활용한 보행 안내인 보행이 있으며 일상생활 영위를 위한 기초기술을 습득은 시각장애인 재활에 중요하다. 미술치료에서는 시각장애인의 촉각 공포와 촉각에 대한 과도한 감정적 반응이나 과잉행동을 보이는 촉각방어(tactile defense)를 완화하고 풍부한 촉각 경험을 제안한다.

2) 목표 및 기대효과

시각장애 아동에 대한 미술치료는 다음과 같은 목표 및 기대효과가 있다.

첫째, 촉각 중심 매체의 유연성은 심리적인 안정감을 줄 수 있으며, 억압된 감정을 표출시켜 자기표현을 촉진한다(주리애, 2021). 특히 찰흙 또는 점토는 대상의 외형을 입체적 구성 경험을 제공할 수 있으며(황혜원, 2015), 새로운 자극에 불안을 가진 아동에게 긍정적 경험을 제공할 수 있다. 시각 손상 정도에 따라 재료에 소리, 맛, 냄새 등을 첨가하여 작업 시 불편을 해소하고 잔존 시력이 남아 있는 학생에게는 선명하게 대비된 색을 사용하도록 하는 등 각각의 특성에 맞는 조형 활동을 선택이 고려되어야 한다(김경아, 1997).

둘째, 미술치료에서 조형적 활동은 시각장애 아동으로 하여금 능동적으로 미술 재료를 선택하고 표현방식과 주제를 주체적으로 결정 과정은 장애로 비롯한 무능함의 편견을 극복하고 자기유능감 발견에 유용하다. 이는 미술치료에서 아동의 자발적인 참여와 선택권이 보장된 환경의 제공은 아동의 의욕을 고취하고 자기표현이 증진되어(김지연, 2006), 학업, 가정까지 긍정적 영향으로 파급될 수 있다.

참고문헌

고주연, 김희수, 송주영, 이효정, 임현균, 최영은(2020). **장애아동의 이해**. 서울: 학지사.

교육부, 국립특수교육원(2016). **장애영유아 양육 길라잡이 제3권 시각장애**.

교육부(2022). 2022 특수교육통계.

김경아(1997). 선천성 맹학생, 후천성 맹학생, 약시 학생 사이의 평면과 입체 표현의 특징 비교 연구. 동국대학교 대학원 석사학위논문.

김지연(2006). 시각장애아동의 마음 읽기를 통한 미술치료 연구. 고려대학교 대학원 석사학위논문.

김현승, 김효명, 성공제, 유영석(2020). **안과학**(제12판). 서울: 일조각.

박순희(2014). **시각장애아동의 이해와 교육**(제3판). 서울: 학지사.

보건복지부(2022). 2022년 장애등록심사 관련 법령 및 규정집.

서울아산병원(2021). 서울아산병원 의료정보. https://www.amc.seoul.kr/asan/healthinfo/disease/diseaseSubmain.do(2021년 10월 17일 인출)

심종우, 한승한(2012). 시각 장애인의 예방적 건강검진, 건강행태와 정신 건강에 대한 분석. **대한안과학회지**, 53(12), 1870-1878.

이학준, 김창식, 김홍균(1999). 초등학교 아동들의 색각이상에 대한 고찰. **한국안광학회지**, 4(1), 69-72.

전은영, 하태희(2020). 중도시각장애인의 건강관리 실태. **재활간호학회지**, 23(1), 69-79.

주리애(2021). **미술치료학**. 서울: 학지사.

질병관리청(2021). 국가건강 정보 포털. https://health.kdca.go.kr.

황혜원(2016). 미술치료적 관점에서 시각장애아동의 표현과 예술매체와의 관계에 대한 고찰. 이화여자대학교 대학원 석사학위논문.

Baltussen, R., Sylla, M., & Mariotti, S. P. (2004). Cost-effectiveness analysis of cataract surgery: a global and regional analysis. *Bulletin of the World Health Organization*, *82*, 338-345.

de Verdier, K., Ulla, E., Löfgren, S., & Fernell, E. (2018). Children with blindness-major causes, developmental outcomes and implications for habilitation and educational support: a two-decade, Swedish population-based study. *Acta ophthalmologica*, *96*(3), 295-300.

Gilbert, C. E., Anderton, L., Dandona, L., & Foster, A. (1999). Prevalence of visual impairment in children: a review of available data. *Ophthalmic epidemiology*, *6*(1), 73-82.

Harrison, T. C. (2010). Health literacy issues among omen with visual impairments. *Research in Gerontological Nursing*, *3*(1), 49-60.

Hatton, D. D., Bailey Jr, D. B., Burchinal, M. R., & Ferrell, K. A. (1997). Developmental growth curves of preschool children with vision impairments. *Child Development*, 788-806.

Jang, H. Y., An, J. H., & Kim, J. H. (2016). The effects of 8-weeks gym-ball exercise program on the body composition and health-related physical fitness and plantar foot pressure on female students with visual impairments. *The Korean Journal of Physical Education*, *55*(5), 729-740.

Jessup, G. M., Cornell, E., & Bundy, A. C. (2010). The treasure in leisure activities: Fostering resilience in young people who are blind. *Journal of Visual Impairment & Blindness*, *104*(7), 419-430.

Kimmell, A., & Gockel, A. (2018). Embodied connections: Engaging the body in group work. *Qualitative Social Work*, *17*(2), 268-285.

Klein, B. E., Klein, R., & Linton, K. L. (1992). Prevalence of age-related lens opacities in a population: the Beaver Dam Eye Study. *Ophthalmology*, *99*(4), 546-552.

Kramer, E. (1971). Art therapy with children. Schocken Books.

Park, K. H., Chang, J. H., Park, T. K., & Ohn, Y. H. (2012). ON and OFF Responses of the Electroretinogram in Patients with Glaucoma. *Journal of the Korean Ophthalmological Society*, *53*(8), 1104-1111.

Rodriguez, S. (2015). *The Special artist's handbook: Art activities and adaptive aides for handicapped students* (2nd ed.) California: Dale Seymour Publications.

Yi, J. H. (2011). Kinetic analysis of the lower limb in visual handicap children. *Journal of the Korea Academia-Industrial Cooperation Society*, *12*(9), 3952-3958.

World Health Organization (1993). *The ICD-10 classification of mental and behavioural disorders*.

World Health Organization(2016). **국제 기능 · 장애 · 건강 분류**[*International Classification of Functioning, Disability and Health*]. (사회보장정보원 역). 사회보장정보원. (원저는 2001년 출판).

국민건강보험공단(2021). https://www.nhis.or.kr(2021년 9월 2일 인출).

한국시각장애인연합회(2021). http://www.kbuwel.or.kr(2021년 10월 12일 인출).

제3장

청각장애(최한)

●세계 청각의 날●

세계보건기구(WHO)가 난청 예방 및 청각 건강에 관한 관심을 확대하고자 매년 3월 3일 '세계 청각의 날'에 통계 및 연구 조사 등 다양한 분석 자료를 발표하고, 이를 알리는 세계 청각의 날 캠페인을 전 세계적으로 진행함

1. 정의

청각장애(Hearing Impairment)는 소리를 지각하는 신체 부위인 청각계의 손상으로 발생하는 기능장애로 귀의 어느 한 부분에라도 문제가 생겨 소리를 듣지 못하여 곤란을 겪는 상태를 의미한다(Morton, 1991). 청각장애는 학문 분야, 서비스 제공 목적에 따라서 교육적(「특수교육법」) 정의와 복지적(「장애인복지법」) 정의 그리고 의학적 정의로 분류된다. 「특수교육법」의 경우 교육적 관점에서 학령기 아동의 특수교육대상자의 교육적 목적으로 의미하고 있지만, 「장애인복지법」은 전 연령 공통으로 청각장애인의 복지적 목적을 의미한다.

1) 「특수교육법」의 정의

「특수교육법 시행규칙」(2016, 일부개정)상 청각장애의 정의는 〈표 3-1〉과 같다.

〈표 3-1〉「특수교육법」의 청각장애 정의

구분	판정 기준
청각장애	청력 손실이 심하여 보청기를 착용해도 청각을 통한 의사소통이 불가능 또는 곤란한 상태이거나, 청력이 남아 있어도 보청기를 착용해야 청각을 통한 의사소통이 가능하여 청각에 의한 교육적 성취가 어려운 사람
농 (deaf)	보청기의 착용여부에 관계없이 청각을 통해 언어 정보를 처리할 수 없을 정도의 청력손실이 있는 경우
난청 (hearing loss)	보청기의 착용여부에 관계없이 잔존청력을 가진 경우

2) 「장애인복지법」의 정의

「장애인복지법」(2021; 개편) 시행규칙상 청각장애의 정의는 〈표 3-2〉와 같다. 진동 · 음향공학 등에서 소리의 크기를 측정하는 데시벨(decibel, dB) 단위(강정실, 2006)로 청각장애 정도를 구분한다(〈표 3-2〉 참조).

〈표 3-2〉 「장애인복지법」의 청각장애 정의

구분	판정 기준
장애의 정도가 심한 장애인	• 두 귀의 청력손실이 각각 90(dB) 이상인 사람 • 두 귀의 청력손실이 각각 80(dB) 이상인 사람
장애의 정도가 심하지 않은 장애인	• 두 귀의 청력손실이 각각 70(dB) 이상인 사람 • 두 귀에 들리는 보통 말소리의 최대의 명료도가 50% 이하인 사람 • 두 귀의 청력손실이 각각 60데시벨(dB) 이상인 사람 • 한 귀의 청력손실이 80데시벨(dB) 이상, 다른 귀의 청력손실이 40데시벨(dB) 이상인 사람

출처: 「장애인복지법」(2021; 개편).

3) 의학적 정의

청각장애의 의학적 정의는 청각(hearing)과 청력(hearing ability)에 의해 결정된다. 의학적인 관점에서 청각장애는 귀 질환, 청력 손상, 청력 불능의 정도에 따라 정의한다(〈표 3-3〉 참조).

〈표 3-3〉 청각 기능 손상에 따른 의학적 정의

귀 질환	청력 손상	청력 불능	청각장애
정상상태에서 병적으로 일탈된 이상 상태	귀 질환으로 인하여 보청기 등으로 교정 처치를 해도 잔존 청각기능 등이 회복 불가능한 상태	청각손상이 원인이 되어 일상생활이나 사회생활이 불가능한 상태	청각적 기능장애를 가진 개인이 사회생활을 영위할 때 직면하는 사회로부터의 분리로 사회적 자립, 직업적 자립이 제한된 상태

세계보건기구(WHO)는 기능 및 장애와 관련된 건강 요소들에 대해서 국제적으로 일치된 모형을 제시하고 일반화된 장애의 개념을 정의하기 위해서 2001년에 국제 기능 · 장애 · 건강 분류(ICF)를 제시하였다. 최신 개정판 ICF(WHO, 2016)는 청각장애를 〈표 3-4〉와 같이 정의한다.

〈표 3-4〉 ICF 청각장애 정의

구분	판정 기준
청각기능 장애	• 소리의 존재를 감지하고 소리의 위치, 음도, 강도 및 음질을 식별하는 것과 관련된 감각기능 • 청각, 청각식별, 음원의 위치, 소리의 편측화, 구어식별(전농, 청각장애 및 청력손실)과 같은 손상

출처: WHO (2016).

2. 출현율 및 원인

1) 출현율

(1) 장애 출현율

세계적으로 청각장애인은 약 4억 6,000만 명으로 세계 총인구의 6%을 차지하고 있다(WHO, 2014). 우리나라의 경우, 「장애인복지법」 제31조에 근거하여 매 3년마다 시행되고 있는 장애인실태조사(보건복지부, 2021)에 따르면, 우리나라 장애인 인구는 261만 8,918명으로 전체 인구의 5.1%를 차지하고 있으며, 그중 청각장애가 15%를 차지하고 있다.

(2) 특수교육대상자 출현율

특수교육 실태조사 특수교육통계(교육부, 2022)에 따르면, 전체 특수교육대상자 103,695명 중 청각장애 아동은 2,961명으로 2.9%의 비율을 차지하고 있다. 연도별 장애영역별 학생 현황에 따르면 전체 특수교육대상자에서 청각장애 아동이 차지하는 비율은 2018년 3.6%, 2019년 3.5%, 2020년 3.3%, 2021년 3.1%으로 지난 5년간 0.5%가 감소되었다. 장애영역별 특수학교 현황을 살펴보자면 총 전국 192개의 특수학교 중 청각장애 특수학교가 14개로 7.3%의 비율을 차지하고 있다.

2) 구조, 기능 및 원인

(1) 구조

귀는 복잡하고 정밀한 신체기관으로 신체 외부로 노출된 순서로부터 외이, 중이, 내이로 구성된다(서울아산병원 건강정보, 2021). 외부의 소리는 외이도를 지나 고막을 진동시켜, 중이강을 통해 달팽이관으로 전달되며, 달팽이관속의 외림프액 및 내림프액을 움직이게 한다. 이때 내림프액의 유모세모를 자극하게 되고, 유모세포는 자극을 전기적인 신호를 바꾸어 청신경에 전달하고 뇌에 도달하여 소리로 인식하게 된다. 이 과정에서 소리 전달에 문제

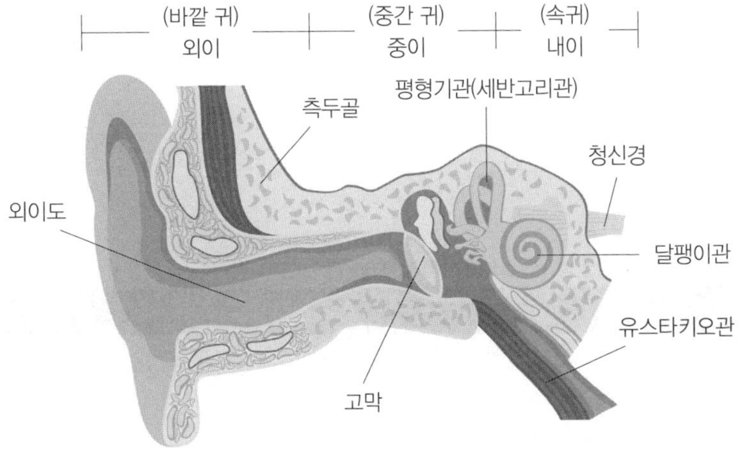

그림 3-1 **귀의 구조**

가 발생하면 청각 기능문제가 있다는 의미다.

(2) 기능

청각 기능의 기능과 정의는 다음의 〈표 3-5〉와 같다.

〈표 3-5〉 **청각 기능과 정의**

구분	정의
소리탐지	소리의 존재를 감지하는 것과 관련된 감각기능
소리식별	배경음과 양쪽 귀 소리의 조합, 분리 및 혼합의 구별을 포함한 소리의 유무를 감지하는 것과 관련된 감각기능
음원의 위치 결정	음원의 위치를 파악하는 것과 관련된 감각기능
소리의 편측화	소리가 오른쪽이나 왼쪽 중 어느 쪽에서 들려오는지 파악하는 것과 관련된 감각기능
말소리식별	구어를 파악하고 그것을 다른 소리와 구별하는 것과 관련된 감각기능

출처: 김영욱(2007).

(3) 원인

청각장애의 원인은 다양하며, 개인의 생활 수준, 건강 수준, 처해 있는 환경, 발달단계에 따른 변화 등에 따라 나타나는 양상은 조금씩 다르다.

① 발달단계에서의 원인

〈표 3-6〉 **아동 청각발달 점검표 보건복지부**

연령	주요 청각 발달
생후 3개월	• 큰 소리에 놀라는 반응을 보인다. • 부르면 고개를 움직인다. • 큰 소리에 잠이 깨곤 한다.

생후 4~6 개월	• "아" "오" 등의 소리를 반복하기 시작한다. • 놀거나 혼자 있을 때 가글하는 것 같은 소리를 낸다. • 일상의 여러 가지 소리(텔레비전, 완구, 문의 개폐 등)에 반응을 보인다.
생후 7~9 개월	• 조용한 환경에서 이름을 부르거나 전화 소리, 사람 소리에 반응한다. • 흔하게 사용하는 단어(맘마, 신발, 안녕 등)에 반응한다. • 아기 혼자서 재잘거리는 등의 옹알이를 한다.
생후 10~12 개월	• 반복되는 자음 발음(마마, 빠빠 등)과 좀 더 많은 소리를 듣도 모방하여 말할 수 있다. • 이름을 부르면 반응하거나 소리나는 방향을 쳐다본다. • 주변 고음에 귀를 기울인다. • 간단한 지시를 이해한다.
생후 13~15 개월	• 단독으로 의미 있는 한 개 또는 두 개의 단어를 말하고 흉내낼 수 있다. • 혼자 말하고 소리내면서 놀 수 있다. • 친숙한 특정 사물을 가리키라고 지시하면 그 사물을 가리킬 수 있다. • 간단한 것을 지시하면 맞게 수행할 수 있다.
생후 16~18 개월	• 반향어와 의미 없이 횡설수설하는 소리를 내거나 배운 단어들을 사용한다. • 원하는 것을 요구하기 위해 의미 있는 2~3개의 단어를 사용한다. • 눈, 코, 입 등 신체 부위에 대해 1개 이상 말을 듣고 가리킬 수 있다. • 간단한 지시를 따라할 수 있다. • 3~10개 혹은 그 이상의 표현 어휘를 습득한다.
2세 이내	• 한 단어 이상 말하거나 간단한 표현을 한다 . • '예' '아니요' 식의 질문을 이해하고 반응한다. • 50~100개 혹은 그 이상의 표현어휘를 습득한다. • 300개 이상의 수용어휘를 습득한다.
3세 이내	• 이름과 나이를 말할 수 있다. • 50~250개 혹은 그 이상의 표현어휘를 습득한다. • 500~900개 이상의 수용어휘를 습득한다.

② 주요 질병 원인

• 외이의 원인

귀지나 이물 등이 외이도를 막았을 경우에도 청각장애를 유발할 수 있으나 비교적 경미하다. 선천적 기형에 의해 외이도가 발달하지 않은 경우에는 중이의 기형까지 있어 심한 경우 약 70dB까지의 전도성 청각장애를 초래할 수 있다. 이러한 선천적 기형은 임신 초기 태아에게 영향을 주는 바이러스성 감염(풍진, 인플루엔자)에 의한 경우가 많다.

• **알레르기성 중이염**

최근 들어 많은 주의를 끌고 있는 중이염으로 유스타키오 관이 부어서 중이 내에 음기압(negative air pressure)을 일으키며, 이 음기압은 중이내막(lining)의 혈청이 중이강 속으로 빨려들게 하여 청력손실을 일으킨다.

• **급성중이염**

일반적으로 감염에 의하며, 중이에 액이 차서 중이의 증폭 기능이 장애를 입게 된다. 약 30dB 정도의 청력손실이 발생하지만 치료할 수 있다.

• **고막천공**

타박이나 중이의 과도한 압박, 기타의 염증에 의해 생긴다. 이소골 연쇄가 건전하다면 20~30dB의 청력손실이 발생한다.

• **유전성 난청증후군**

유전성 원인에는 여러 가지가 있는데, 주요 증후군으로는 바르덴부르크 증후군(Waardenburg syndrome), 어셔증후군(Usher Syndrome), 트리처 콜린스 증후군(Treacher Collins syndrome) 등이 있다. 유전성 농은 우성 유전 형질(14%), 열성 유전 형질(84%), 성 관련 장애(2%)에 의해 유전된다(Lewenbraun & Thompson, 1986). 현재에는 청력 손실을 일으킬 수 있는 유전적 증후군이 150개 이상 확인되고 있다(오승하, 송재진, 2009). 또한 아동기 농의 약 50%가 유전성 원인에 의한 것이다(Nance, 1976).

• **음향에 의한 난청**

일반적으로 음향에 의한 난청은 다음의 두 가지 형태로 일어난다.

-급성 음향성 난청: 통상적으로 듣지 못하는 강대한 소리가 갑자기 들어와서 그로 인해 청각기관이 손상되는 경우
-만성 소음성 난청: 단발성으로 강한 소리는 아니나 매일같이 계속 청취함으로 인하여 모르는 사이에 청각기관이 손상되어 일어나는 난청의 경우

• **외상에 의한 난청**

청각기관에 가해지는 외적 자극으로 청각기관이 손상되어 난청이 되는 수가 있으며, 이것을 외상성 난청이라고 한다. 외상성 난청은 외적 자극이 물리적으로 직접 청기를 손상시키는 직접적인 외상, 청기를 내포하고 있는 두개골 또는 경부에 가해진 외적 자극, 그리고 기압의 급격한 변화 때문에 청기가 손상되는 경우 등이다.

3. 판정 및 분류

1) 판정

(1) 판정 기준

「2021년 장애등록심사 관련 법령 및 규정집」(보건복지부, 2021)의 청각장애 판정기준은 다음과 같다.

가. 장애진단기관 및 전문의

방음부스가 있는 청력검사실, 청력검사 장비가 있는 의료기관의 이비인후과 전문의

나. 진료기록 등의 확인

장애진단을 하는 전문의는 원인 질환 등에 대하여 6개월 이상의 충분한 치료 후에도 장애가 고착되었음을 진단서, 소견서, 진료기록 등으로 확인하여야 한다(필요시 환자에게 타 병원 진료기록 등을 제출하게 한다). 다만, 장애 상태가 고착되었음이 전문적 진단에 의해 인정되는 경우 이전 진료기록 등을 확인하지 않을 수 있다. 이 경우 이에 대한 의견을 구체적으로 장애정도 심사용 진단서에 명시하여야 한다.

다. 장애진단 및 재판정 시기

(1) 장애의 원인 질환 등에 관하여 충분히 치료하여 장애가 고착되었을 때에 진단하며, 장애의 고착 여부는 골도순음청력검사 결과를 이용하여 판단한다. 그 기준 시기는 원인 질환 또는 부상 등의 발생 또는 수술 이후 6개월 이상 지속적으로 치료한 후로 한다. 다만, 청력기관의 결손 등 장애의 고착이 명백한 경우는 예외로 한다.

(2) 전음성 또는 혼합성 난청의 경우에는 장애진단을 수술 또는 처치 등의 의료적 조치 후로 유보하여야 한다. 다만, 1년 이내에 국내 여건 또는 장애인의 건강상태 등으로 인하여 수술 등을 하지 못하는 경우는 예외로 하되, 필요한 시기를 지정하여 재판정을 받도록 하여야 한다. 전음성 난청 또는 혼합성 난청이 의심되는 경우 기도 및 골도순음청력검사를 시행하여, 기도-골도차가 6분법에 의해 20데시벨(dB) 이내일 경우 또는 수술후 난청이 고정되었을 것으로 판단되는 경우에는 재판정을 제외할 수 있다.

(3) 향후 장애정도의 변화가 예상되는 경우에는 반드시 재판정을 받도록 하여야 한다. 이 경우 재판정의 시기는 최초의 판정일로부터 2년 이상 경과한 후로 한다. 2년 이내에 장애상태의 변화가 예상될 때에는 장애의 진단을 유보하여야 한다.

(4) 재판정이 필요한 경우 장애진단을 하는 전문의는 장애정도 심사용 진단서에 재판정 시기와 필요성을 구체적으로 명시하여야 한다.

라. 판정개요

(1) 청력장애

(가) 청력장애의 장애정도평가는 순음청력검사의 기도순음역치를 기준으로 한다. 2~7일

의 반복검사주기를 가지고 3회 시행한 청력검사결과 중 가장 좋은 검사 결과를 기준으로 한다. 또한 장애정도를 판정하기 위해서는 청성뇌간반응검사를 이용한 역치를 확인하여 기도순음역치의 신뢰도를 확보하여야 한다. 단, 청성지속반응검사를 제출한 경우에는 청성뇌간반응검사를 대체할 수 있다.

–평균순음역치는 청력측정기(오디오미터)로 측정하여 데시벨(dB)로 표시하고 장애를 판정하되, 주파수별로 500Hz, 1000Hz, 2000Hz, 4000Hz에서 각각 청력검사를 실시한다.

–평균치는 6분법에 의하여 계산한다(a+2b+2c+d/6). [500Hz(a), 1000Hz(b), 2000Hz(c), 4000Hz(d)] 6분법 계산에서 소수점 이하는 버린다. 만약 주어진 주파수에서 청력역치가 100데시벨(dB) 이상이거나 청력계의 범위를 벗어나면 100데시벨(dB)로 간주하고, 청력역치가 0데시벨(dB) 이하이면 0데시벨(dB)로 간주한다.

(나) 청력의 감소가 의심되지만 의사소통이 되지 아니하여 청력검사를 시행할 수 없을 때에는 청성뇌간반응검사를 시행하고, 필요한 경우 청성지속반응검사를 첨부하여 장애를 판정한다.

(다) 이명이 언어의 구분능력을 감소시킬 수 있으므로 청력역치 검사와 이명도 검사를 같이 실시하여 아래와 같이 장애정도를 가중할 수 있다. 이명은 객관적인 측정이 어려우나, 2회 이상의 반복검사에서 이명의 음질과 크기가 서로 상응할 때 가능하다.

–심한 이명이 있으며, 청력장애 정도가 '한 귀의 청력손실이 80데시벨(dB) 이상, 다른 귀의 청력손실이 40데시벨(dB) 이상인 사람'인 경우 '두 귀의 청력손실이 각각 60데시벨(dB) 이상인 사람(장애의 정도가 심하지 않은 장애인)'으로 판정한다.

–심한 이명이 있으며, 양측의 청력손실이 각각 40데시벨(dB) 이상~60데시벨(dB) 미만인 경우 '한 귀의 청력손실이 80데시벨(dB) 이상, 다른 귀의 청력손실이 40데시벨(dB) 이상인 사람(장애의 정도가 심하지 않은 장애인)'으로 판정한다.

–단, 심한 이명은 1년 이상 지속적으로 적극적인 진단과 치료 후에도 불구하고 잔존 증상이 남아 있는 경우에 한하여 진료기록지를 확인하여 판정하며, 진료기록지에는 이명에 대한 반복적인 검사 기록이 있어야 한다.

(라) 최대어음명료도는 다음과 같이 검사하되, 2~7일의 반복검사주기를 가지고 3회 시행한 검사결과 중 가장 좋은 검사결과를 기준으로 한다.

출처: 보건복지부(2022).

(2) 판정 방법

청력장애 판정을 위한 검사에는 객관적 검사와 주관적 검사가 있다.

① 객관적 청력검사

아동의 참여를 필요하지 않고 검사 결과를 객관적으로 분석할 수 있는 간접적인 청력 측정 방법으로 신생아청력선별검사, 중이기능평가가 있다.

–신생아청력선별검사: 출생 직후 산부인과에서 이루어진다.
–중이기능평가: 이비인후과 전문의에 의해 이루어지는 검사로 고막검사, 청각반사측정 검사가 있다.

② 주관적 시력 검사

아동의 반응을 관찰하는 방법이므로 능동적인 참여 방법으로 순음청력검사, 어음청력검사, 반사청력검사, 유희청력검사, 조작조건청력검사, 행동관찰청력검사 그리고 국민건강보험공단 영유아 건강검진 문진표가 있다.

〈표 3–7〉은 국민건강보험공단에서 제공하는 영유아 건강검진 문진표에서 청각과 관련된 보호자용 자가 설문 내용이다. 〈표 3–7〉의 문진표에서 '예'에 해당하는 항목이 하나라도 있다면 이비인후과 검진 대상이다.

〈표 3-7〉 **영유아 건강검진 문진표**

구분	시기	설문 내용	예	아니요
1차 검진	생후 14~35일	큰 소리가 났을 때 아이가 잠에서 깨거나, 놀라거나, 표정 변화 등의 반응이 있습니까?	①	②
		신생아 청각선별검사(청력검사)를 받았습니까?(미숙아인 경우 출생 예정일을 기준으로 1개월 이내)	①	②
		신생아 청각선별검사에서 한쪽 또는 양쪽 귀에서 '재검(refer)' 판정을 받았습니까?	①	②

1차 검진	생후 4~6개월	아이가 다양한 소리("아" "우" "이")를 내거나, 웃을 때 소리를 낼 수 있습니까?	①	②
		출생 후 신생아 집중치료실(중환자실)에 아이가 5일 이상 입원한 적이 있습니까?	①	②
		출생 후 1개월 이내 아이가 청각선별검사(청력검사)를 받았습니까?(미숙아인 경우 출생 예정일을 기준으로 1개월 이내)	①	②
		신생아 청각선별검사에서 한쪽 또는 양쪽 귀에서 '재검(refer)' 판정을 받았습니까?	①	②
		아이의 한쪽 귀나 양쪽 귀가 '난청'으로 진단받은 적이 있습니까?	①	②
2차 검진	생후 9~12개월	출생 후 신생아 집중치료실(중환자실)에 아이가 5일 이상 입원한 적이 있습니까?	①	②
		가족(부모나 친척)중에 어려서부터 청력저하(난청)를 가진 사람이 있습니까?	①	②
		아이의 한쪽 귀나 양쪽 귀가 '난청'으로 진단받은 적이 있습니까?	①	②
3차 검진	생후 18~24개월	출생 후 신생아 집중치료실(중환자실)에 아이가 5일 이상 입원한 적이 있습니까?	①	②
		가족(부모나 친척)중에 어려서부터 청력저하(난청)를 가진 사람이 있습니까?	①	②
		아이가 급성중이염(이통, 발열 등)을 여러 번 앓은 적이 있습니까?(6개월간 4회 이상, 1년간 6회 이상)	①	②
		아이의 한쪽 귀나 양쪽 귀가 '난청'으로 진단받은 적이 있습니까?	①	②
		아이의 한쪽 또는 양쪽 귀에 보청기 또는 인공와우를 착용하고 있습니까?	①	②

4차 검진	생후 30~36개월	출생 후 신생아 집중치료실(중환자실)에 아이가 5일 이상 입원한 적이 있습니까?	①	②
		가족(부모나 친척)중에 어려서부터 청력저하(난청)를 가진 사람이 있습니까?	①	②
		아이가 급성중이염(이통, 발열 등)을 여러 번 앓은 적이 있습니까?(6개월간 4회 이상, 1년간 6회 이상)	①	②
		아이의 한쪽 귀나 양쪽 귀가 '난청'으로 진단받은 적이 있습니까?	①	②
		아이의 한쪽 또는 양쪽 귀에 보청기 또는 인공와우를 착용하고 있습니까?	①	②
5차 검진	생후 42~48개월	출생 후 신생아 집중치료실(중환자실)에 아이가 5일 이상 입원한 적이 있습니까?	①	②
		가족(부모나 친척)중에 어려서부터 청력저하(난청)를 가진 사람이 있습니까?	①	②
		아이의 한쪽 귀나 양쪽 귀가 '난청'으로 진단받은 적이 있습니까?	①	②
		아이가 급성중이염(이통, 발열 등)을 여러 번 앓은 적이 있습니까?(6개월간 4회 이상, 1년간 6회 이상)	①	②
		귓속말검사를 시행하였습니까?	①	②
		귓속말검사에서 아이가 모든 그림을 정확히 가리켜 맞혔습니까?	①	②
6차 검진	생후 54~60개월	출생 후 신생아 집중치료실(중환자실)에 아이가 5일 이상 입원한 적이 있습니까?	①	②
		가족(부모나 친척)중에 어려서부터 청력저하(난청)를 가진 사람이 있습니까?	①	②
		아이의 듣기와 말하기에서 걱정되는 문제가 있습니까?	①	②
		원활한 초등학교 생활을 위해 아이가 청력검사(순음청력검사)를 받았습니까?	①	②
		아이의 한쪽 또는 양쪽 귀에 보청기 또는 인공와우를 착용하고 있습니까?	①	②

7차 검진	생후 66~71개월	출생 후 신생아 집중치료실(중환자실)에 아이가 5일 이상 입원한 적이 있습니까?	①	②
		가족(부모나 친척)중에 어려서부터 청력저하(난청)를 가진 사람이 있습니까?	①	②
		아이의 듣기와 말하기에서 걱정되는 문제가 있습니까?	①	②
		원활한 초등학교 생활을 위해 아이가 청력검사(순음청력검사)를 받았습니까?	①	②
		아이의 한쪽 또는 양쪽 귀에 보청기 또는 인공와우를 착용하고 있습니까?	①	②

출처: 국민건강보험공단(2021).

2) 분류

(1) 청각기관 감각 이상에 따른 분류

소리 파장이 청각신경체계를 통해 두뇌에 정보를 전달되는 일련의 과정에 방해를 받을 경우, 청각기관 감각에 손상이 발생한다. 청각기관 부위에 손상 또는 결함에 따른 분류와 정의는 다음의 〈표 3-8〉과 같다.

〈표 3-8〉 **청각기관 감각 이상에 따른 분류와 정의**

구분	정의
귀울림 또는 이명	귀에서 나는 낮은 음도의 바람소리, 쉿소리 또는 귀 울림감각
어지럼증	자기 자신이나 자기 주변 환경과 관련된 움직임에 대한 감각(회전, 흔들림 또는 기울어짐에 대한 감각)
낙상에 대한 감각	통제력을 잃고 넘어지는 것에 대한 감각
어지럼증이나 현기증과 연관된 메스꺼움	어지럼증이나 현기증에 의해 발생되는 구토하고 싶은 감각
귓속 자극	귀 안의 가려움이나 기타 유사한 감각

출처: 서울아산병원(2021).

(2) 청각기관 손상 부위에 따른 분류

소리가 잘 들리지 않는 난청은 외부 소리를 청음하는 과정에서 청각기관 손상 부위에 따라 〈표 3-9〉와 같이 분류된다.

〈표 3-9〉

구분	판정 기준
전음성 난청 (conductive hearing loss)	• 소리가 발생되어 외이를 거쳐 중이에 이르는 소리의 전도 과정에 병변이 생긴 난청으로 소리가 내이까지 전달되기 어려운 상태 • 의료적 처치로 정상이나 거의 정상에 가까운 수준의 청력으로 회복 가능함 • 보청기 착용 효과가 매우 우수함
감각 신경성 난청 (sensorineural hearing loss)	• 내이의 청세포나 청신경, 청각중추의 장애로 인해 발생하는 난청으로 의학적 치료로 청력을 회복하는 것은 곤란한 상태 • 중상도 복잡하여 단지 소리를 크게 증폭시켜 주는 것만으로는 명료하게 듣지 못함 • 보청기 착용 효과가 떨어짐
혼합성 난청 (mixed hearing loss)	• 전음성 난청과 감각신경성 난청이 혼합된 난청 • 보청기 착용효과는 기대할 수 있지만, 의학적 치료가 우선되어야 하며 의학적 치료가 끝난 후에 보청기를 착용하여야 함
돌발성 난청	• 갑자기 청각 손실이 발생하는 것으로 청각 손실의 정도가 다양함

출처: 서울아산병원(2021).

(3) 청력손실에 따른 분류

데시벨(dB)로 나타내는 청력손실의 정도에 따른 분류로 1964년 제정된 국제 표준화 기구(International Standards Organization: ISO) 기준으로 청력손실 정도를 측정한다. 난청의 정도에 따라 청능훈련, 언어치료 등을 병행하며, 청각재활과 언어발달의 가능성의 추이에 따라 보청기와 인공와우 작용이 고려된다(이광선, 2000). 다음 〈표 3-10〉은 청력손실에 따른 난청 정도 및 보청기 재활이 분류된다.

〈표 3-10〉 **청력손실에 따른 난청 정도 및 보청기 재활 분류**

평균청력	구분	난청의 정도	보청기 재활
10~25dB	정상역	먼 곳의 새 소리, 시계 소리 등 청취 가능	필요 없음
26~40dB	경도 난청	아주 작은 말소리나 환경음 듣기 어려움	부분적인 보청기 필요
41~55dB	중등도 난청	속삭임과 같은 작은 소리 청취가 어려우며, 보통 크기의 말 소리 일부를 놓치게 됨	보청기 필요, 보청기 사용 효과 높음
56~70dB	중등고도 난청	보통 크기의 말 소리가 매우 작게 들리며, 큰 소리는 알아들을 수 있음	보청기 필요, 보청기 사용 효과 높음
70~90dB	고도 난청	큰 소리로 말하면 청취 가능	보청기 필요, 보청기 사용 효과 조금 떨어짐
90dB 이상	농	거의 모든 말소리 청취 불가능하며, 일부 큰소리만 청취 가능	보청기나 인공와우 필요, 보청기 사용 효과 낮음

(4) 청력손실 시기에 따른 분류

청력손실 시기에 따라 아동이 현재 가지고 있는 언어능력을 판단하는 분류로 언어전 농과 언어후 농으로 〈표 3-11〉과 같이 분류된다.

〈표 3-11〉 **언어전 농과 언어후 농의 정의**

구분	정의
언어전 농 (prelingually deaf, 언어습득 이전)	• 태어날 때부터 농이었거나 유아기에 청력을 손실한 사람이다. 즉, 말을 하고 언어를 이해하는 학습을 하기 이전에 농이 된 사람이다. 농 아동 중 약 95%가 언어전 농이다(Commission on the Education of the Deaf, 1988). • 아동 10명 중 1명은 농 부모(한쪽 또는 양쪽)를 가지고 있다.
언어후 농 (postlingually deaf, 언어습득 이후)	• 말을 하고 언어를 이해하는 학습을 한 후에 농이 된 사람이다. 언어후 농 중 많은 사람이 말을 사용하고 구두로 의사소통하는 능력을 가지고 있다(Barnett & Franks, 2002).

4. 특성

출생 이전 및 출생 시, 또는 2세 이전의 전언어기부터 청력이 손상된 감음성 청각장애 아동 중에서 청력 손상 정도가 심한 중도(severe, 71~90dB, WHO 분류) 이상인 경우 타고난 지능이 정상이라도, 실청 원인, 손상 부위, 잔존 청력의 정도, 연령, 정서상태, 교육방법, 언어적 환경 등에 따라서 청취능력과 언어장애의 형태가 각기 다른데, 일반적으로는 다음과 같은 특성이 있다.

1) 인지적 특성

음성언어 능력의 발달이 이루어지지 않아서 좁은 의미에서의 입술 모양으로 말을 이해하고 목소리를 내는 구화에 의한 의사소통이 곤란해진다. 또한 학습에 지장이 초래되어 인지능력이 떨어지게 되고, 학교에서의 학습문제도 발생한다.

2) 신체적 특성

성인이 된 청각장애인은 육체적으로는 불편함이 없으나 지적 능력과 추상적 사고력이 부족하여 일반사회의 통념을 올바로 이해하지 못하기 때문에 사회생활을 영위하기에는 많은 어려움이 따른다.

3) 심리정서적 특성

청각장애 아동은 주위의 소리가 들리지 않아 항상 심리적으로 불안정하여서 성격장애가 초래된다. 또한 주위 사람들과의 언어를 통한 감정 교류가 불가능하여서 정서적으로 미숙하고, 자주 심한 열등의식을 경험함으로써 인격 장애가 초래되기도 한다.

4) 사회적 특성

선천성 중도 이상의 청각장애 아동을 둔 부모는 자녀의 양육과정에서 의사소통 곤란으로 좌절감과 히스테리(hysteria)를 자주 경험하기 때문에 바람직한 가족관계 형성이 곤란하게 된다.

5. 미술심리재활

1) 기본원리

청각보조기구(assistive listening device)는 소리를 증폭하여 손실된 청력을 보조해 청각장애인의 의사소통을 돕기 위한 장치이다. 대표적으로 보청기(hearing aid)와 인공와우(artificial ear cochlear implant)가 있다. 보청기는 난청으로 판정된 아동의 귀에 장착하여 소리를 증폭시켜 주는 기구로 소리를 받는 마이크로폰, 소리를 증폭시키는 증폭기, 증폭된 소리를 내보내는 스피커로 구성된다. 인공와우는 와우(달팽이관) 양측 귀에 고도의 감각신경성 난청이 발생한 청각장애 아동이 보청기를 착용하여도 청력에 도움이 안 될 때, 인공와우를 달팽이관에 이식한다. 인공와우 이식 이후 청능재활(aural rehabilitation)을 목적으로 청능훈련(auditory training), 언어치료(speech therapy), 심리치료를 실시한다(Falkenberg, 2007). 청능훈련은 인공와우 이식 아동에게 맵핑(mapping) 과정을 통해 소리 자극을 전기 신호로 바꾸어 소리를 감지하게 하는 절차로 진행된다(Wiley et al., 2005). 현재 인공와우 이식은

19세까지 건강보험 적용되지만, 언어치료나 청능훈련 비용은 건강보험에 적용되지 않는다(대학청각학회, 2021). 인공와우 이식 아동은 청능훈련 과정에서 새로운 청각 경험으로 인한 혼란스러움과 소리를 잃었던 시간에 대한 애석함을 갖고 새로운 청각 능력이 또 다른 감각 능력을 촉발하여 새로운 삶의 관점을 재구성하는 부담감을 느낀다(탁평곤, 2014). 미술치료는 청능훈련 과정에서 정신과 신체의 통합적인 상호 반응을 촉진할 수 있다. 또한, 미술치료는 인공와우 이식 이전 활성화되어 있던 감각과 새롭게 습득 적응하는 감각통합(sensory integration)을 통해 감각들을 조직화하고 효율적으로 사용할 수 있도록 한다(Kearns, 2004).

2) 목표 및 기대효과

청각장애 아동을 위한 미술치료 목표 및 기대효과는 다음과 같다. 첫째, 미술치료는 병리적 존재가 아닌 개별 인격체로서 자아 인식변화를 촉진한다. 둘째, 미술치료는 장애를 수용하고 긍정적인 정체성을 개발에 기여한다(Bosgraaf et al., 2020). 셋째, 외관상 드러나지 않는 장애 특성상 청각장애인은 비장애인으로부터 오해를 받기도 하고, 장애인 중에서 의사소통에 상당한 갈등을 안고 살아간다(엄미선, 김진희, 2010). 미술치료는 이러한 의사소통에 어려움을 겪는 청각장애 아동의 의사소통 확장에 유의한 방법이다(추현주, 김민, 2009).

참고문헌

강정실(2006). 소음공해와 웰빙. **수필시대**, 1, 342-346.

교육부(2022). 2022 특수교육통계.

김영욱(2007). **청각장애아동 교육의 이해**. 서울: 학지사

오승하, 송재진(2009). 선천성 난청의 유전적 배경. *Journal of Genetic Medicine, 6*(1), 8-24.

서울아산병원(2021). 서울아산병원 의료정보. http://www.ams.seoul.kr/asan/heathinfo/diseaseSubmain.do(2021년 11월 28일 인출.)

엄미선, 김진희(2010). 청각장애인의 사회통합 영향 요인: 장애정체감과 사회환경적 요인을 중심으로. **한국지역사회복지학**, 33, 219-242.

탁평곤. (2014). 인공와우 사용자의 심리적 경험에 대한 현상학 연구. *Audiology and Speech Research, 10*(3), 198-207.

정종우, 곽민영(2018). 청각 재활의 개요. **임상이비인후과**, 29(1), 5- 10.

추현주, 김민(2009). 비언어적 미술치료가 청각장애아동의 자기표현에 미치는 효과. **미술치료연구**, 16, 891-909.

Barnett, S., & Franks, P. (2002). Health care utilization and adults who are deaf: relationship with age at onset of deafness. *Health services research*, *37*(1), 103.

Bosgraaf, L., Spreen, M., Pattiselanno, K., & Hooren, S. V. (2020). Art Therapy for Psychosocial Problems in Children and Adolescents: A Systematic Narrative Review on Art Therapeutic Means and Forms of Expression, Therapist Behavior, and Supposed Mechanisms of Change. *Frontiers in psychology, 11*, 2389.

Commission on Education of the Deaf (US). (1988). *Toward equality: Education of the deaf* (Vol. 8). Commission on Education of the Deaf.

Falkenberg, E. S. (2007). Holistic aural rehabilitation: a challenge. *Scandinavian Journal of Disability Research*, *9*(2), 78-90.

Kearns, D. (2004). Art therapy with a child experiencing sensory integration difficulty. *Art Therapy*, *21*(2), 95-101.

Lee, K. S. (2000). Contoversy on Hearing Aids versus Cochlear Implants in Profound Hearing Loss. *Journal of Clinical Otolaryngology Head and Neck Surgery*, *11*(1), 11-22.

Morton, N. E. (1991). Genetic epidemiology of hearing impairment. *Annals of the New York Academy of Sciences*, *630*(1), 16-31.

Wiley, S., Jahnke, M., Meinzen-Derr, J., & Choo, D. (2005). Perceived qualitative benefits of cochlear implants in children with multi-handicaps. *International journal of pediatric otorhinolaryngology*, *69*(6), 791-798.

World Health Organization(2016). **국제 기능 · 장애 · 건강 분류**[*International Classification of Functioning, Disability and Health*]. (사회보장정보원 역). 사회보장정보원. (원저는 2001년 출판).

국민건강보험공단 (2021). https://www.nhis.or.kr.(2021년 9월 2일 인출).

제4장

지적장애(정여주)

● 지적장애인의 날 ●

한국지적장애인복지협회가 지적장애인의 인식 개선과 사회통합 도모를 위해 2005년에 협회 창립일인 7월 4일을 '지적장애인의 날'로 지정하여 매년 전국에서 기념행사를 실시함

1. 정의

지적장애의 정의와 용어와 분류는 전 세계적으로 시대와 학문 영역에 따라 다양한 논란의 변천사를 겪어 왔다. 과거의 용어와 정의들은 의학적 · 심리적 · 교육적 · 사회적 관점에서 편견과 낙인 등의 부정적 의미로 적용되어 비판과 논란을 받으면서 변화를 거쳤다. 이 절에서는 우리나라 「특수교육법」의 정의와 「장애인복지법」의 정의와 다른 여러 나라에서의 정의, 의학적 정의를 제시하고자 한다. 우리나라에서 오늘날 사용하는 지적장애 용어는 「장애복지법」에 '정신 박약'에서 1989년 '정신지체'로 바뀌었다가 2007년에 전부 개정된 「장애인복지법」에 따라 '지적장애'로 바뀌어 현재까지 통용된다(김동일 외, 2010; 이소현, 박은혜, 2018).

1) 여러 나라의 정의

(1) 우리나라

「특수교육법」(2021)에 따르면, 지적장애 정의는 "지적 기능과 적응행동상의 어려움이 함께 존재하여 교육적 성취에 어려움이 있는 사람"이다. 이러한 정의를 살펴볼 때, 「특수교육법」에서의 지적장애는 지능과 적응행동으로 인하여 교육적 성취의 문제로 보는 협의적 정의다.

「장애인복지법」(2007)에 의한 지적장애 정의는 "지적기능과 적응행동상의 어려움이 함께 존재하여 교육적 성취에 어려움이 있는"상태이며, 이러한 문제를 지닌 사람을 '지적장애인'이라고 한다. 반면, 2014년에 제정된 「발달장애인 권리보장 및 지원에 관한 법률」(이하 「발달장애인법」, 2014)에서 '지적장애인'의 정의는 "정신 발육이 항구적으로 지체되어 지적 능력의 발달이 불충분하거나 불완전하여 자신의 일을 처리하는 것과 사회생활에 적응하는 것이

상당히 곤란한 사람"이다. 「발달장애인법」은 지적장애인을 항구적으로 지적 능력 발달의 문제 및 자율성과 사회적응에 대한 문제까지 확장했다.

보건복지부(2021)의 「장애정도판정기준」에 따르면, 지적장애 분류는 "지능지수가 70 이하인 경우"로 제시한다.

(2) 미국

미국정신지체협회(American Association on Mental Retardation: AAMR)는 2007년에 협회의 명칭을 미국 지적 및 발달장애협회(American Association on Intellectual and Developmental Disabilities: AAIDD)로 바꾸면서, 정신 지체를 지적장애로 변경하여 지적장애의 정의를 새롭게 제시한다(이소현, 박은혜, 2018). AAIDD(2021)는 "지적장애는 지적기능과 개념적, 사회적, 실제적 적응기술로 표현되는 적응행동 영역에서 유의하게 제한성을 보이며, 18세 이전에 시작된다."라고 규정한다.

(3) 영국

영국은 지적장애에 대한 차별을 극복하기 위해 mental handicap과 mental retardation 용어 대신에 학습 부진(learning difficulties) 혹은 학습장애(learning disabilities)로 대체하면서 학습장애와 지적장애(intellectual disability)를 유사 개념으로 사용한다(Theunissen, 2016).

(4) 독일

독일은 오랜 세월 동안 지적장애의 명칭은 편견과 낙인에 영향을 미친다는 비판과 토론의 과정을 거쳐, 오늘날 의학적 · 심리적 · 사회적 · 역학적 · 교육적 관점의 전인적 인간관에 근거하여 다른 명칭을 사용해야 한다고 주장해 왔다. Speck(1991, 2018)은 지적장애에 대한 명확하고 일반적으로 통용되는 정의는 어렵다고 하면서, 지적장애를 "인간의 정서적인 삶과 행동의 제한이 있을 뿐만 아니라 평균 이하의 인지능력이 지속적으로 낮은 상태"라고 정의한다. 그는 이 장애가 있는 대상을 '지적장애인'이 아니라 '지적장애가 있는 사람(Menschen mit geistig Behinderung)'으로 명명할 것을 제시하면서 오늘날 후자가 통용된다. 그러나 최근에 독일도 영국처럼 지적장애를 학습장애와 유사 개념으로 사용하는 추세에 따라 지적장애를 특정 학습장애와 발달장애로 대체하는 경향이 있다(Theunissen, 2016).

2) 의학적 정의

의학적 정의는 세계보건기구(WHO)와 미국정신의학회(American Psychiatric Association: APA) 『정신질환의 진단 및 통계 편람 제5판(DSM-5)』(2013/2015)의 정의를 살펴보면 다음과 같다.

(1) WHO

WHO(2010)는 "지적장애는 새롭거나 복잡한 정보를 이해하고 새로운 기술을 배우고 적용할 수 있는 능력이 현저하게 감소한 것"(지능손상)으로 정의한다. 이어 지적장애는 "독립적으로 대처할 수 있는 능력 저하(사회기능 손상)와 성인이 되기 전의 발달에 지속적인 영향을 미치는 것"(WHO, 2010)으로 부연 서술된다. 그러나 WHO는 "지적장애는 아동의 건강 상태나 장애만이 아니라, 아동의 완전한 사회 참여와 포용을 지원하는 정도에 따라 결정된다."라고 강조하면서, '더 나은 건강, 더 나은 삶'의 맥락에서 지적장애라는 용어는 지적장애가 있는 자폐아동과 지각된 장애 또는 가족 거부로 인해 시설에 배치되어 결과적으로 발달 지연 및 심리적 문제를 겪는 아동도 포함한다.

(2) DSM-5

DSM-5의 지적장애 정의는 진단기준에 근거한다. "지적장애(지적발달장애)

는 발달 시기에 시작되며, 개념, 사회, 실행 영역에서 지적 지능과 적응 기능 모두에 결함이 있는 상태"다.

2. 출현율 및 원인

1) 출현율

(1) 장애 출현율

DSM-5에 따르면, 미국의 지적장애 출현율은 인구의 1% 정도며(APA, 2013/2015; Heward, 2000/2002), 고도 지적장애의 출현율은 인구 1,000명에 6명 정도(APA, 2013/2015)로 본다. 그러나 출현율은 지적장애의 정의, 진단, 등급, 조사연구 방법 등에 따라 판별이 다를 수 있다는 점이 항상 언급된다. 우리나라 「특수교육법」에 따르면 지적장애인 출현율은 전체 인구의 2% 정다.

(2) 특수교육대상자 출현율

교육부 국립특수교육원(2022)의 「2022특수교육통계」에 따르면, 지적장애 아동은 유치원부터 초 · 중등학교까지 장애영역별 특수교육대상자 전체 103,695명 중에서 53,718명으로 가장 높은 비율인 51.8%를 차지한다. 연도별 지적장애 학생 비율은 2017년 53.8%, 2018년 53.7%, 2019년 53.4%, 2020년 53.1%로 평균 53% 이상을 차지하다가, 22년에는 51.8%로 다소 감소하였다. 지적장애 특수학교는 전체 192개교에서 71.4%인 137개교로 전체 특수학교의 가장 높은 비율을 차지한다.

2) 원인

지적장애의 원인은 현재까지 완전하게 밝혀지지 않고 있다. 현재는 지적장애의 원인을 의학은 유전적 · 생물학적 요인, 심리학은 심리적 요인, 사회학은 환경적 · 사회적 요인에서 고찰한다(APA, 2013/2015; Beidick et al., 1989; Speck, 2018; Theunissen, 2016). 그러나 각 영역에서 한 목소리로 강조하는 것은 장애의 결함을 일차적 결함인 의학적 손상만으로 다룰 수 없기에 의학적 진단에만 치우치는 것은 위험하며, 이러한 의존은 지적장애가 있는 아동 · 청소년 및 성인의 발전 가능성과 교육 가능성을 간과할 수 있다는 점이다. 즉, 지적장애의 원인은 다학제적이고 차원적으로 접근해야 한다는 것이다. 여기에서는 각 영역의 관점에 따른 원인을 살펴보며, 통합적이고 다차원적 시각을 제시하고자 한다.

(1) 의학적 원인

의학에서는 장애를 발생, 손상 발생 시간 및 심각도에 따라 분류한다. 장애 원인을 출생 전, 주산기, 출생 후 요인으로 나누어 살펴보면 다음과 같다.

- 출생 전(pränatal) 요인: 유전적 증후군(예: 하나 이상이 유전자 서열 변이나 복제 후 변이, 염색체 이상), 선천성 대사 이상, 뇌 기형, 산모의 질병(태반 질환 포함), 환경적 영향(예: 알코올, 다른 약물, 독성 물질, 기형 발생 물질 등), 배아 뇌 손상, 임신부의 뇌염, 음주, 흡연, 영양실조나 사고 등
- 주산기(출산 전후, perinatal) 요인: 분만 과정의 신생아 뇌 질환, 출산과 관련된 다양한 사건 등, 조기 출산, 출산 시 산소 부족, 출산 중 뇌 손상 등
- 출생 후(postnatal) 요인: 저산소성 허혈성 손상, 외상성 두부 손상, 감염, 탈수초성 질환, 발작장애, 심각하고 만성적인 사회적 결핍, 독성대사 증후군, 중독(예: 납, 수은), 사고, 전염병 등

(2) 심리사회적 원인

Beidick 등(1989)은 지적장애의 원인을 '일차적 결함', 즉 의학적으로 유전적 장애, 뇌 및 신경계 손상만으로 다룰 수는 없다고 한다. 즉, 지적장애가 있는 사람들은 종종 추가적인 생명을 위협하는 상태를 나타내는 다중 장애가 있는 사실 외에도 심리사회 영역에서 발생하는 다른 원인이 있다. 예를 들어, 뇌 손상 아동이 영양 부족, 부적절한 의료 서비스 및 추가 장애로 인해 손상되었을 때, 생물학적 원인 및 심리적 원인과 영향이 있다.

지적장애의 심리사회적 원인은 의학적 장애, 사회환경의 다차원적 관계와 밀접하게 연결되어 있다. Bleidick 등에 따르면, 부모가 자녀의 장애로 실망하여 자녀를 거부하고 일관성 없는 양육으로 전환하거나 자녀에게 교육의 기회를 제공하지 않는 것 등으로 더 심각한 장애를 초래할 수 있다. 이로 인해 어린 자녀는 양육자의 주의, 안전, 인정의 욕구를 충족할 수 없게 되며, 나아가 자신감 부족, 추진력 부족, 학습능력 제한, 무엇보다 결과적으로 심각한 행동 장애가 발생할 수 있다는 것이다.

Theunissen(2016)은 지적장애를 발달심리학의 시각에 중점을 두었던 점에 대해, '인지적 차이' 또는 '심리적 차이' 대한 연관성 주장과 더불어 이것이 거의 영향을 미치지 않는 것으로 평가된 지체 특성의 기능에 집착하는 것은 비판받아야 한다는 입장이다. 그는 이러한 논쟁의 배경에는 지적장애 아동·청소년이 비장애 아동·청소년과 동일한 발달 단계를 밟는다는 가정에서 출발한다는 것이다. 그러나 Theunissen은 지적 장애 아동·청소년의 발달은 상당히 더 느려, 지적장애 청소년의 행동은 미취학 연령의 비장애 아동의 행동과 거의 동일하다고 한다. 그러나 이러한 비교로 지적장애가 있는 성인을 '유아화' 하는 것은 철회되어야 한다는 관점이다. 또한 그는 지적장애인과 비장애인의 인지 및 일반 발달의 질적 차이가 무시되거나 너무 많이 평준화될 위험도 언급한다. 즉, 지적장애인과 비장애인은 발달 차이가 있으나 지연된 발달을 모든 발달 차원으로 확대할 필요는 없다고 강조한다. 한편,

Theunissen은 지적장애인의 발달 지원을 위해 발달심리적 관점에서 자원을 얻을 수 있다고 보는데, 즉 현대 발달심리적 접근방식은 발달이 평생과정이라고 가정하는 데서 긍정적 면을 찾는다.

Speck(2018)은 지적장애인을 위한 사회적 발달 측면은 무엇보다 '통합과 포용 프로젝트', 즉 지적장애가 있는 사람의 문화 및 사회 생활 참여가 확장되어야 한다고 강조한다. 장애가 있는 사람을 '포용하는 사회'의 목표를 실천하기 위해서는 이들의 사회적 참여가 전제되어야 한다는 것이다. 포용 개념은 지적장애가 있는 사람들이 자신의 이익을 위해 사회적 의사소통을 더 많이 할 수 있도록 돕거나 사회 내 태도를 지금보다 더 많이 바꾸려는 노력을 의미한다.

Heward(2002)는 지적장애가 신체병리학적 원인을 찾기 어려울 때, 사회적 · 문화적인 환경 요인이 원인이 된다고 가정한다. 그는 '사회환경 실조'가 최소한 경도 지적장애의 원인이 되며, '낮은 사회경제적 지위'도 발달지체와 연계성이 있다는 것이 일반적 인식이라고 말한다. 또한 Speck(2018)은 지적장애는 장애로 인한 사회화의 각인 형태가 항상 존재한다고 하면서, 이러한 사회적 문제는 지적장애인을 지능으로 판단하여 사회적 의존성이 높다는 경향이 있다고 지적한다. 그는 결과적으로 지적장애와 사회적 수준의 관계가 설명된다고 말한다.

3. 판정 및 분류

1) 판정

(1) DSM-5의 진단

미국정신의학회(2013/2015)는 DSM-5에서 지적장애(Intellectual Disability)와 지적발달장애(Intellectual Develpmental Disorder)를 동의어로 사용한다. 이

것은 WHO가 2018년 개정한 국제질병분류 11차(이하 ICD-11)에서 '지적발달장애'라고 한 것을 수용하는 것이다. DSM-5는 지적장애의 판정을 위한 진단기준을 〈표 4-1〉과 같이 세 가지로 제시하였다. 진단에 따른 심각도 수준은 경도, 중등도, 고도 , 최고도로 나뉜다.

〈표 4-1〉 **지적장애 진단기준**

구분	진단기준
A	임상적 평가와 개별적으로 실시된 표준화된 지능검사로 확인된 지적 기능(추론, 문제해결, 계획, 추상적 사고, 판단, 학업, 경험 학습)의 결함
B	적응 기능의 결함으로 인해 독립성과 사회적 책임 의식에 필요한 발달적 · 사회문화적 표준을 충족하지 못함. 지속적인 지원 없이는 적응 결함으로 인해 다양한 환경(가정, 학교, 일터, 공동체)에서 한 가지 이상의 일상 활동(의사소통, 사회적 참여, 독립적 생활) 기능에 제한
C	지적 결함과 적응 기능의 결함은 발달 시기 동안에 시작

출처: APA(2013/2015).

지적장애의 진단 시 주의점은 ICD-11의 지적발달장애와 동의어로 쓰인다는 것이다. 지적장애의 심각도 수준은 부호화와 수준으로 명시된다. 즉, 317(F70) 경도, 381.0(F71) 중증도, 381.1(F72) 고도와 381.2(F73) 최고도로 명시된다.

(2) 우리나라 판정

우리나라에서 지적장애의 판정은 장애아동의 판정 기준(장애인 복지법, 2021)에 근거한다. 장애판정과 심사과정은 다음의 〈표 4-2〉와 같다.

〈표 4-2〉 2021년 장애등록심사 관련법령 및 규정집

가. 장애진단기관 및 전문의

의료기관의 정신건강의학과 · 신경과 또는 재활의학과 전문의

나. 진료기록 등의 확인

장애진단을 하는 전문의는 원인 질환 등에 대하여 6개월 이상의 충분한 치료 후에도 장 애가 고착되었음을 진단서, 소견서, 진료기록 등으로 확인하여야 한다.(필요시 환자에게 타 병원 진료기록 등을 제출하게 한다.

다만, 장애 상태가 고착되었음이 전문적 진단에 의해 인정되는 경우 이전 진료기록 등을 확인하지 않을 수 있다. 이 경우 이에 대한 의견을 구체적으로 장애정도 심사용 진단서에 명시하여야 한다.

다. 장애진단 및 재판정 시기

(1) 장애의 원인 질환 등에 관하여 충분히 치료하여 장애가 고착되었을 때에 진단하며, 그 기준 시기는 원인 질환 또는 부상 등의 발생 후 또는 수술 후 6개월 이상 지속적으로 치료한 후로 한다. 다만, 만 2세 이상에서 선천적 지적장애 등 장애의 고착이 명백한 경우는 예외로 한다.

(2) 발달단계에 있는 소아청소년은 만 6세 미만에서 장애판정을 받은 경우 만 6세 이상~만 12세 미만에서 재판정을 실시하여야 한다.

 만 6세 이상~만 12세 미만 기간에 최초 장애판정 또는 재판정을 받은 경우 향후 장애상태의 변화가 예상되는 경우에는 만 12세 이상~만 18세 미만 사이에 재판정을 받아야 한다.

(3) 수술 또는 치료 등 의료적 조치로 기능이 회복될 수 있다고 판단하는 경우에는 장애판정을 처치 후로 유보하여야 한다. 다만, 1년 이내에 국내 여건 또는 장애인의 건강상태 등으로 인하여 수술 등을 하지 못하는 경우는 예외로 하되, 필요한 시기를 지정하여 재판정을 받도록 하여야 한다.

(4) 향후 장애정도의 변화가 예상되는 경우에는 반드시 재판정을 받도록 하여야 한다. 이 경우 재판정의 시기는 최초의 판정일로부터 2년 이상 경과한 후로 한다. 2년 이내에 장애상태의 변화가 예상될 때에는 장애의 진단을 유보하여야 한다.

(5) 재판정이 필요한 경우에 장애진단을 하는 전문의는 장애정도 심사용 진단서에 그 시기와 필요성을 구체적으로 명시하여야 한다.

라. 판정절차

(1) 지적장애는 웩슬러 지능검사 등 개인용 지능검사를 실시하여 얻은 지능지수(IQ)에 따라 판정하며, 일반능력 지표(General Ability Index: GAI) 및 사회성숙도 검사를 참조한다. 전체 지능지수가 연령별 최저득점으로 정확한 지능지수 산출이 어려운 경우에는 GAS 및 비언어적 지능검사도구(시각−운동통합발달검사: VMI, 벤더게슈탈트검사: BGT)를 추가 시행하고, 검사내용, 검사결과에 대한 상세한 소견을 제출한다.

(2) 만 2세 이상부터 장애판정을 하며, 유아가 너무 어려서 상기의 표준화된 검사가 불가능할 경우 한국판 라이터 비언어성 지능검사(K-Leiter-R), 바인랜드(Vineland) 사회성숙도검사, 바인랜드 적응행동검사, 또는 발달검사를 시행하여 산출된 적응지수나 발달지수를 지능지수와 동일하게 취급하여 판정한다.

(3) 선천적인 지능저하인 경우 지적장애로 판정하며, 뇌손상, 뇌질환으로 성인이 된 후 지능저하가 온 경우에도 상기 기준에 근거하여 지적장애에 준한 판정을 할 수 있다. 단, 노인성 치매는 제외한다.

출처: 보건복지부(2022).

지적장애판정의 세부 분류기준은 다음의 〈표 4−3〉와 같다.

〈표 4-3〉 **장애판정기준**

장애정도	장애상태
장애의 정도가 심한 장애인	1. 지능지수가 35 미만인 사람으로 일상생활과 사회생활의 적응이 현저하게 곤란하여 일생동안 타인의 보호가 필요한 사람 2. 지능지수가 35 이상 50 미만인 사람으로 일상생활의 단순한 행동을 훈련시킬 수 있고, 어느 정도의 감독과 도움을 받으면 복잡하지 아니하고 특수기술을 요하지 아니하는 직업을 가질 수 있는 사람 3. 지능지수가 50 이상 70 이하인 사람으로 교육을 통한 사회적 · 직업적 재활이 가능한 사람

출처: 보건복지부(2022).

2) 분류

ICD-11(WHO, 2018)에 따르면, 지적발달장애는 발달 기간 동안 표준화되고 개별적으로 관리되는 표준화 검사에 근거한 적절한 기준에서 평균보다 약 2 표준 편차(약 2.3%보다 낮음)인 평균 지적 기능 및 적응 행동이 현저히 낮게 하는 발생하는 병인학적으로 다양한 상태의 집단이다. 적절하게 규범화되고 표준화된 검사를 이용할 수 없는 경우, 지적발달장애의 진단은 유사한 행동 지표의 적절한 평가를 기반으로 한 임상적 판단에 더 많이 의존해야 한다.

DSM-5에서 지적장애의 심각도는 경도(mild), 중등도(moderate), 고도(severe), 최고도(profound)로 나뉜다. 「특수교육법」의 지적장애의 등급은 2019년에 폐지되었으나, 현재도 현장에서는 (구) 1급(IQ 34 이하), (구) 2급(IQ 35~49), (구) 3급(IQ 50~70)의 3단계를 사용하고 있다.

DSM-4(APA, 1994/1995)에서는 정신지체를 지능지수(IQ)에 근거하여 IQ 50~55에서 약 70(가벼운 정신지체), IQ 35~40에서 50~55(중간 정도 정신지체), IQ 20~25에서 35~40(심한 정도 정신지체), IQ 20 또는 20 이하(아주 심한 정도 정신지체), 정도를 세분할 수 없는 정신지체로 나누었다. 그러나 DSM-5(APA, 2013/2015)에서는 장애 명칭을 지적장애로 바꾸고 장애의 심각도 수준에 따라 경도(mild), 중등도(moderate), 고도(severe)와 최고도(profound)로 나누어, 개념적 영역, 사회적 영역, 실행적 영역으로 구분하여 진단하도록 제시한 점이 크게 다르다. 이러한 심각도 수준에 따른 세 가지 영역을 요약하면 〈표 4-4〉와 같다.

〈표 4-4〉 지적장애(지적발달장애)의 심각도 수준

심각도 수준	개념적 영역	사회적 영역	실행적 영역
경도	• 학령기 전 아동의 구별 불명확 • 학령기~성인: 개념에 대한 학업기술 학습의 어려움(한 개 이상 영역에 도움 필요) • 성인: 학습기술의 기능적 사용, 추상적 사고, 집행기능, 단기기억의 손상과 문제 해결능력은 또래보다 융통성 적음	• 또래보다 사회적 상호작용 미숙 • 의사소통, 대화, 언어발달이 연령대 수준에 비해 낮고 미숙함 • 연령대에 적합한 감정 및 행동 조절의 어려움 • 사회적 상황의 위험에 제한적 이해력 • 사회적 판단력 미숙하여 타인에게 속거나 조종당할 위험성	• 연령에 맞는 자기관리 가능 • 복잡한 일상생활은 또래보다 약간의 도움 필요 • 성인: 일상생활 영역 도움 필요(예: 장보기, 교통수단 이용, 가사 및 아이 돌보기, 영양가 있는 음식 준비, 은행업무, 금전관리) • 여가 기술: 또래와 비슷-웰빙, 여가 계획 등 판단에 도움 필요 • 성인기에 개념적 기술이 강조되지 않은 일자리 취업 가능성 • 건강관리, 법률적 결정, 직업활동, 가족부양에 도움 필요
중등도	• 전체 발달영역에서 개념기술 현저히 낮음 • 학령전기: 언어와 학습 준비기술 느림 • 학령기: 읽기, 쓰기, 수학, 시간, 돈 이애가 지체된 발달과 또래보다 매우 제한적 수준 • 성인기: 학업기술은 초등생 수준, 개인생활, 직업에서의 학업기술 사용에 도움 필요 • 일상생활 업무에 타인 도움 지속적으로 필요	• 사회적 행동, 의사소통 행동: 또래들과 현저한 차이 • 표현단어, 문장: 또래보다 단조로움 • 대인관계: 유대관계 능력, 우정, 연애 가능 • 사회적 신호의 정확한 감지, 해석 어려움 • 사회적 판단, 결정의 어려움으로 보호자 도움 필요 • 직업적 성공을 위해 사회적·의사소통적 도움 요구됨	• 식사, 옷입기, 신변처리, 위생관리 가능(독립적 수행을 위해 장기간의 교육 필요) • 개념적 기술과 의사소통 기술이 제한된 직업에 취업할 수 있으나, 사회적 기내, 업무의 복잡성, 일정관리, 교통수단 이용, 의료보험, 금전관리 등은 동료나 감독자, 타인의 상당한 도움 필요 • 다양한 여가활동 가능(장기간의 부수적 도움과 학습 필요) • 부정적 행동과 사회적 문제 야기 가능성

고도	• 개념적 기술의 제한적 습득 • 글, 수, 양, 시간, 금전의 개념 이해가 거의 없음 • 일생의 문제해결에 보호자의 광범위한 도움 필요	• 말표현에 어휘, 문법 사용 제한 • 말, 의사소통: 일상생활 내용에 치중 • 언어는 사회적 의사소통으로 사용, 간단한 말과 몸짓 이해 • 가족과 가까운 지인들과의 관계에서 즐거움과 도움 얻음	• 일상생활 영역 전반에 지원과 감독 항상 필요 • 자신 및 타인에 대한 책임 있는 결정력 부재 • 성인기: 가사, 여가 활동, 직업 참여에 지속적 도움과 지원, 교육 필요 • 소수의 경우에 자해와 같은 부적응 행동의 문제 발생
최고도	• 짝짓기, 분류와 같은 시각-공간적 기능 습득 가능 • 운동 및 감각의 손상으로 사물의 기능적 사용 어려움	• 말, 몸짓의 상징적 의사소통 이해가 매우 제한(간단한 지시나 몸짓 이해) • 자신의 욕구, 감정: 비언어적 · 비상징적 의사소통 방식 사용 • 가족이나 보호자와의 관계 즐김 • 몸짓이나 감정적 신호 통한 사회적 의사소통 • 감각적 · 신체적 손상으로 사회활동에 제한	• 일부 일상 활동 참여 가능하나, 신체관리, 건강, 안전 등의 전 영역은 의존적 생활 • 간단한 가사 보조 가능 • 고도의 지속적인 도움을 통해 간단한 직업활동 가능 • 여가활동에 타인 도움 필요 • 신체 및 감각의 손상이 여가, 일상, 직업활동에 자주 방해가 됨, 소수의 경우에 부적응 행동 가능성

출처: APA(2013/2015), pp. 34-35.

4. 특성

지적장애 아동의 인지적 특성뿐만 아니라 신체적 특성, 심리정서적 특성과 사회적 특성도 학습 가능성과 적응 가능성을 통한 사회적 통합의 관점에서 중요한 요인으로 작용한다(APA, 2013/2015; Bleidick et al., 1989; Heward, 2002; Ohlmeier, 1994; Speck, 2018; Tietze-Fritz, 1994). 각 특성을 살펴보면 다음과 같다.

1) 인지적 특성

지적장애 진단 요소인 '지능검사, 사회성숙도검사, 적응행동검사, 기초학습검사, 운동능력검사'를 통해 알 수 있듯이, 지적장애 아동의 인지적, 학습적응의 특성은 인지 활동에 가장 큰 어려움을 보이며, 이는 학습적응력과 밀접하게 연결된다. 이에 따라 지적장애는 구조적 학습 제공, 효과적 학습방법의 지원을 통한 다양한 경험이 필요하다. 일반적 특성은 다음과 같다.

- 인지활동과 학습적응이 매우 느리거나 학습 과정의 한계 경험
- 주의력, 기억력(특히 단기 기억), 학습동기, 관찰력, 모방력, 추론능력, 비교능력, 정보 입력, 자기 조절력, 언어발달에 상당한 어려움
- 개인의 능력에 맞춘 세심하게 구조화된 학습, 자율성을 촉진하는 연습 필요(조기교육, 생활지도, 운동감각 능력, 체계적인 놀이 지원 등)

2) 신체적 특성

일반적으로는 지적장애로 신체적 발달까지 지체되는 것을 아니다. 그러나 뇌손상으로 인한 운동감각과 신체적 기능과 발달이 더디거나 조기교육의 지체로 이차 문제가 생긴다. 일반적 특성은 다음과 같다.

- 신체 통제력, 소근육 운동능력 문제
- 언어와 그로 인한 신변처리 능력과 같은 일상생활 능력 지체
- 장애 정도에 따라 시력, 청력의 어려움
- 조기교육 및 생활기술 연습을 통해 충분히 발달 가능

3) 심리정서적 특성

Conboy-Hill과 Waltman(1992)은 지적장애가 있는 사람은 다른 사람들과 마찬가지로 정서적 문제을 겪으며, 나아가 더 많은 정서적 어려움이 있음에도 이 상황이 일반적으로 폄하되어 다루어지고 있다고 강조한다. 지적장애 아동이 영양, 의료 및 위생 등에서 잘못된 관리를 받으면 발달지체가 더 손상을 입는다. 즉, 주변 환경이 지적장애 아동의 욕구에 맞게 이루어져야 하기에, 부모와 교육자는 지적장애아동의 심리정서적 성장을 간과해서는 안 된다. 최근에는 이들의 심리정서적 성장을 위해 비장애 형제자매들과 전 가족이 동참하는 활동도 중요하다는 인식과 실천이 증가하고 있다. 일반적인 심리정서적 특성은 다음과 같다.

- 지적장애 자녀에 대한 부모의 잘못된 정서적 관계와 교육과 행동의 결과적 특성으로 자신감 결여, 자극 부족, 제한된 학습 능력, 분노 폭발과 같은 감정 조절의 어려움, 다양 한 행동의 장애 등 동반
- 일차적, 가정의 정서관계 문제는 지적장애 아동의 학교생활, 정서 행동의 발달 저해
- 일상에 더 많은 문제 발현, 학습과 일상생활의 적응 악화 가능성
- 사회적 판단, 위험평가, 행동과 감정의 자기 조절, 대인관계 기술, 학교나 작업 환경에서의 동기 등의 어려움(APA, 2013/2015)
- 의사소통 기술의 부족이 파괴적이고 공격적인 행동 유발
- 타인에게 잘 속거나, 위험에 대한 인식 부족으로 타인에게 착취나 희생, 사기, 의도하지 않은 범죄 연루, 거짓 자백, 신체적 학대나 성적 학대의 위험에 노출 가능성

4) 사회적 특성

인간의 사회적 관계와 발달의 시작은 가족에서 시작한다. 지적장애아동 또한 부모, 형제자매와의 상호 활동은 사회적 학습과 발달에 중요한 근거가 된다. 또한 이러한 상호작용은 신생아와 유아들의 심리적 성장과도 밀접하게 연결된다. Speck(2018)은 지적장애인의 중대한 결함과 문제는 의학적·생리적이 아니라, 사회적·심리적 상태와 상황이라고 지적한다.

Gunzburg(1973)은 지적장애와 관련하여 사회적 행동양식의 훈련은 지적 수용력에 영향을 적게 받기 때문에, 특히 사회적 학습영역의 성공 가능성을 제시한다. Speck(2018)도 지적장애인은 장애의 모든 등급에서도 사회적 능력의 발달 가능성이 매우 크다는 견해다. Heward(2002)는 지적장애인이 사회기술이나 의사소통 기술을 발달시키면, 성인기에는 지적장애인으로 인식되지 않는 일도 있다고 한다. 이를 따르면 지적장애는 일차적 장애지만, 사회적 장애는 이차적 장애로 연결된다. 일반적인 사회적 특성은 다음과 같다.

- 부모의 과잉보호 혹은 무기력감과 충격으로 인해 아동의 사회적 관계의 단절 혹은 결여, 환경과의 상호 활동 결핍, 조기교육의 연기 등으로 사회성 발달의 가능성 약화
- 지적장애인에 대한 부정적 인식, 사회적 편견, 교육 및 사회 체계 문제에서 비롯된 부정적 선입견을 겪음
- 사회적 학습의 편견으로 상호 활동과 의사소통의 상실과 사회적 소외 겪음
- 언어 문제와 의사소통 문제, 또래 관계 형성의 문제, 과잉행동, 파괴적 행동, 공격성, 무관심 등을 가짐
- 지능적 장애가 있음에도 '사회적 행동의 지도와 연습'을 통해 발달 가능성이 있음

5. 미술심리재활

1) 기본 원리

미술심리재활의 기본 원리는 다음과 같다.

- 지적장애아동 미술심리재활은 유치원 및 학교 내 미술치료, 학교밖 영역을 포함한다.
- 아동의 일차적 장애와 이차적 장애 및 복합적 장애가 될 수 있는 인지적 · 감각적 · 감각운동적 · 심리적 · 정서적 · 심리사회적 장애를 효과적으로 회복하고 완하하는 전인적 성장이 고려되어야 한다.
- 심리치료, 인지행동치료, 감각운동치료, 통합치료, 재활 등과 밀접하게 연계된다.
- 장애아동의 실제 상태와 목표점에 해당하는 의무 상태를 계획한다.
- 아동의 전반적 영역에서 실제 상태가 점검되어 사례개념화가 되어야 한다.
- 단기계획과 중장기 계획으로 연결되어야 한다.
- 미술활동의 개별화, 단순화, 반복성, 구체성의 원리에 근거한다.
- 미술치료는 아동의 실제 상태에 따라 개별, 소집단, 중집단으로 운영된다.
- 미술치료사는 매 회기와 매월 주기로 미술치료 평가를 한다.
- 미술치료사는 규칙적인 부모면담을 통해 아동이 미술치료에서 나타난 특이점, 가능성, 성장 및 미래 계획을 안내하며, 미술의 치료적 요인이 일상생활로 연계 · 확장될 수 있도록 한다.
- 미술치료 평가는 부모, 교사, 장애아동 관련 기관 실무자가 공유할 수 있도록 한다.
- 미술치료사는 미술치료 슈퍼비전(개인 및 집단)을 받을 수 있어야 한다.

2) 목표 및 기대효과

미술심리재활의 목표 및 기대효과는 다음과 같다.

- 자기표현 강화, 긍정적 자기인식의 가능성을 경험한다.
- 정서적 · 심리적 표현의 가능성을 함양한다.
- 갈등 상황, 억제 상황의 감정을 표출하여 정서적 안정을 경험한다.
- 성취감, 만족감, 즐거움과 해방감을 경험한다.
- 문제행동을 감소하고 의사소통 능력을 향상한다.
- 감각 조정, 감각 자극과 기초 자극 활동을 경험한다.
- 발달 조정, 발달자극과 미적 · 사회적 활동을 함양한다.
- 인지, 감각 및 운동감각, 집중력을 향상한다.
- 정체성 수립 및 안정화를 유지한다.
- 관계성 및 사회적 경험과 사회적응력 함양한다.
- 비장애 아동과 통합활동의 기회를 경험한다.

참고문헌

교육부 국립특수교육원(2022). 2022 특수교육통계.

김동일, 송승현, 전병운, 한경근(2010). **특수교육학 개론**. 서울: 학지사.

이소현, 박은혜(2018). **특수아동교육**. 서울: 학지사.

American Psychiatric Association(1995). **정신장애의 진단 및 통계 편람(DSM-4)** [*Diagnostic and Statistical Manual of Mental Disorders, Fourch Edition*]. (이근후 외 역). 서울: 하나의학사. (원전은 1994년에 출판).

American Psychiatric Association (2015). **정신질환의 진단 및 통계 편람(DSM-5)**

[*Diagnostic and Statistical Manual of Mental Disorders, Fifth Edition*]. (권준수 외 역). 서울: 학지사. (원전은 2013년에 출판).

Bleidick, U., Hagemeister, U., Kröhnert, O., von Pawel, B., & Rath, W. (1989). *Einführung in die Behindertenpädagogik II*. Stuttgart: Kohlhammer Verl.

Conboy-Hill, S., & Waltman, A. (1992). *Psychotherapy with the Mentally Handicapped*. London: Sage Publications.

Gunzburg, H. C. (1973). *Social Competence and Mental Handicap. An Introduction to Social Education*. London: Routledge.

Heward, W. L.(2002). **특수교육학 개론**[*Exceptional Children:An Introduction to Special Education*]. (김진회 외 역). 서울: 학지사. (원전은 2002년에 출판).

Ohlmeier, G. (1994). *Früförderung behinderter Kinder*. Dortmund: verlag modernes lernen.

Speck, O. (1991). *System Heilpädagogik*. München: Reinhardt.

Speck, O. (2018). *Menschen mit geistiger Behinderung*. München: Ernst Reinhardt Verlag.

Theunissen, G.(Hrsg.). (1997). *Kunst, Ästhetische Praxis und Geistige Behinderung*. Bad Heilbrunn: Klinkhardt.

Theunissen, G. (2016). *Geistige Behinderung und Verhaltensauffälligkeiten*. Bad Heilbrunn: Julius Klinkhardt Verlag.

Tietze-Fritz, P. (1994). *Handbuch der heilpädagogischen Diagnostik*. Dortmund: verlag modernes lernen.

발달장애인법(2014). https://www.law.go.kr

장애인복지법(2022). https://www.law.go. kr

장애인 등에 대한 특수교육법(2022). https://www.law.go.kr

American Association on Intellectual and Developmental Disabilities(AAIDD)(2021). https://www.aaidd.org/intellectual-disability/definition

ICD-11(2018). https://icd.who.int/browse11/l-m/en

제5장

지체·뇌병변장애(정유진)

● 지체장애인의 날 ●

사단법인 한국지체장애인협회가 11월 11일을 '지체장애인의 날'로 지정함. 2001년에 기념일이 선포된 이래로 매년 이날 전국지체장애인대회가 개최됨. 11월 11일은 시작과 출발을 의미하는 '1'이라는 숫자가 1년 중 가장 많이 들어가 있는 날로 지체장애인들이 자신의 신체적 장애를 이겨 내고 직립하는 모양을 형상화 함

● 세계뇌병변장애인의 날 ●

10월 첫째 주 수요일은 뇌병변장애인에 대한 대중의 인식, 시민의 평등권, 의료 및 재활, 삶의 질, 사회적 기여, 교육을 가지고 지역 사회에 알리는 목적으로 『세계뇌병변장애인의 날』(World Cerebral Palsy Day)을 지정

1. 정의

지체장애는 팔, 다리와 몸통의 기능에 장애가 있는 것을 말하며, 「장애인복지법」과 「특수교육법」에서 지체장애의 기준을 제시하고 있다. 「특수교육법」에서는 뇌병변 장애를 지체장애에 포함하는 반면, 「장애인복지법」에서는 2000년부터 지체장애에서 뇌병변장애를 별도로 분리하여 정의하고 있다.

1) 지체장애인의 정의

(1) 「특수교육법」의 정의

「특수교육법 시행령」의 특수교육대상자 선정기준에서 지체장애를 지닌 특수교육대상자는 "기능 · 형태상 장애를 가지고 있거나 몸통을 지탱하거나 팔다리의 움직임 등에 어려움을 겪는 신체적 조건이나 상태로 인해 교육적 성취에 어려움이 있는 사람"으로 정의한다.

(2) 「장애인복지법」의 정의

「장애인복지법 시행령」에 제시된 지체장애인(肢體障碍人)의 기준은 다음과 같다.

- 한 팔, 한 다리 또는 몸통의 기능에 영속적인 장애가 있는 사람
- 한 손의 엄지손가락을 지골(指骨: 손가락 뼈) 관절 이상의 부위에서 잃은 사람 또는 한 손의 둘째 손가락을 포함한 두 개 이상의 손가락을 모두 제1지골 관절 이상의 부위에서 잃은 사람
- 한 다리를 가로발목뼈관절(lisfranc joint) 이상의 부위에서 잃은 사람
- 두 발의 발가락을 모두 잃은 사람

• 한 손의 엄지손가락 기능을 잃은 사람 또는 한 손의 둘째 손가락을 포함한 손가락 두 개 이상의 기능을 잃은 사람
• 왜소증으로 키가 심하게 작거나 척추에 현저한 변형 또는 기형이 있는 사람
• 지체(肢體)에 위 각 목의 어느 하나에 해당하는 장애정도 이상의 장애가 있다고 인정되는 사람

2) 뇌병변장애인의 정의

「장애인복지법」에 제시된 뇌병변장애인(腦病變障碍人)이란, 뇌성마비, 외상성 뇌손상, 뇌졸중(腦卒中) 등 뇌의 기질적 병변으로 인하여 발생한 신체적 장애로 보행이나 일상생활의 동작 등에 상당한 제약을 받는 사람을 일컫는다.

2. 출현율 및 원인

1) 출현율

(1) 지체장애, 뇌병변장애 출현율

보건복지부 2022년 장애통계연보에 따르면, 지체장애의 출현율은 2017년도 기준 2.51%이며, 뇌병변장애의 출현율은 0.52%를 보인다. 전체 등록 장애아동인구 77,961명 중 지체장애아동은 2,716명(3.5%)이며, 뇌병변장애아동은 9,748명(12.5%)이다. 뇌병변장애는 전체 등록장애아동 중 지적장애와 자폐스펙트럼장애에 이어 세 번째로 높은 비중을 차지한다.

(2) 특수교육대상자 출현율

교육부 2022년 특수교육통계에서는 전체 특수교육대상자 103,695명 중에서는 지체장애아동이 9,639명으로 전체의 9.3%를 차지하고 있다. 연도별 장애영역별 학생 현황에 따르면, 지체장애아동의 비율은 2018년부터 2022년까지 지난 4년간 전체 특수교육대상자의 11.5%에서 9.3%로 지속적인 감소 추세를 보이고 있다.

2) 원인

(1) 지체장애

지체장애는 선천적 원인(1.7%)보다 후천적인 원인(97.8%)에 의해 발생하는 비중이 높으며, 연령이 증가할수록 큰 폭으로 증가하는 경향을 보인다(통계청, 2018). 지체장애가 발생되는 주된 원인은 근골격계질환(28.9%), 골절(24.0%), 관절염(13.2%), 절단(11.6%) 등이며, 사회활동 참여 증가가 예기치 않은 사고 및 질병의 발생과 비례하여 후천적 지체장애 발생을 높이는 것으로 보고된다(이경찬, 2014). 지체장애의 선천적 원인으로는 유전적 결함, 염색체 이상, 바이러스 감염, 임신 중 모의 약물복용, 난산, 조산 등이 있으나, 정확한 선천적 원인을 찾지 못하는 경우가 더 많다.

(2) 뇌병변장애

대표적인 뇌병변장애로 뇌성마비, 외상성 뇌손상, 뇌졸중이 있다. 뇌성마비는 만 8~12세 이전, 외상성 뇌손상은 30대 이후, 뇌졸중은 고령에서 주로 발생한다(이달엽, 2016).

① 뇌성마비

뇌성마비의 선천적 원인으로는 염색체 이상, 선천성 뇌기형, 임신 시 모체

감염, 조산과 난산 등이 있으며, 후천적 원인으로는 감염과 뇌 손상, 열성경기 등이 있다. 특히 뇌성마비의 원인은 주로 출생 전 인자와 관련되는 것으로 알려져 있으며, 현재 조산 및 저체중 출생이 뇌성마비 발생에 중요한 위험인자로 알려져 있다(대한소아재활의학회, 2008).

② 외상성 뇌손상

국제 역학 조사에서 외상은 5~15세 소아의 사망률 1위를 차지하는 것으로 보고된다. 우리나라의 연구 결과에 따르면, 소아 외상성 뇌손상의 원인은 주로 추락사고(34~65.5%)와 교통사고(67%)로 보고되었다(류명선, 이건수, 2006; 이광춘 외, 2017).

③ 소아뇌졸중

소아뇌졸중은 선천성 심장병과 혈액 질환, 감염, 대사성 질환, 혈관염, 유전적 질환, 동맥류와 동정맥 기형 등 다양한 요인에 의한다(류주석 외, 2009; 송영재 외, 1996). 소아뇌졸중은 크게 일차성 혈관질환과 이차적으로 유발되는 질환으로 분류된다. 일차성 혈관질환은 급성 영아 편마비, 모야모야병 등이 포함되고, 이차적으로 유발되는 질환으로는 동맥경화, 출혈경향성 질환, 뇌막염 등의 감염질환 등이 속한다(송영재, 황태규, 김수천, 1996).

3. 판정 및 분류

1) 판정

(1) 지체장애 판정 기준

지체장애는 크게 절단장애, 관절장애, 지체 기능장애, 변형 등의 장애로 구분된다. 각 유형의 판정 내용은 다음과 같다.

가. 장애진단기관 및 전문의

(1) 절단장애: X-선 촬영시설이 있는 의료기관의 의사

(2) 기타 지체장애: X-선 촬영시설 등 검사장비가 있는 의료기관의 재활의학과 · 정형외과 · 신경외과 · 신경과 또는 내과(류마티스분과) 전문의, 마취통증의학과(CRPS상병인 경우) 전문의

나. 진료기록 등의 확인

장애진단을 하는 전문의는 원인 질환 등에 대하여 6개월 이상의 충분한 치료 후에도 장애가 고착되었음을 진단서, 소견서, 진료기록 등으로 확인하여야 한다(필요시 환자에게 타 병원 진료기록 등을 제출하게 한다). 다만, 장애 상태가 고착되었음이 전문적 진단에 의해 인정되는 경우 이전 진료기록 등을 확인하지 않을 수 있다. 이 경우 이에 대한 의견을 구체적으로 장애정도 심사용 진단서에 명시하여야 한다.

다. 장애진단 및 재판정 시기

(1) 장애의 원인 질환 등에 관하여 충분히 치료하여 장애가 고착되었을 때에 진단하며, 그 기준 시기는 원인 질환 또는 부상 등의 발생 또는 수술 이후 규정기간(6개월 또는 2년) 이상 지속적으로 치료한 후로 한다. 다만, 지체의 절단, 척추고정술 등 장애의 고착이 명백한 경우는 예외로 한다.

(2) 수술 또는 치료 등의 의료적 조치로 기능이 회복될 수 있다고 판단하는 경우에는 장애진단을 수술 또는 치료 등의 의료적 조치 후로 유보하여야 한다. 다만, 1년 이내에 국내 여건 또는 장애인의 건강상태 등으로 인하여 수술 또는 치료를 하지 못하는 경우는 예외로 하되 반드시 필요한 시기를 지정하여 재판정을 받도록 하여야 한다.

(3) 신체가 왜소한 사람(키가 작은 사람)에 대한 장애진단은 남성의 경우 만 18세부터, 여성의 경우 만 16세부터 한다. 다만, 만 20세 미만의 남성, 만 18세 미만의 여성의 경우 2년 후 재판정을 받아야 한다. 다만, 연골무형성증(achondroplasia)으로 왜소증에 대한 증상이 뚜렷한 경우는 만 2세 이상에서 진단할 수 있으며, 2년 후 재판정을 받아야 한다.

(4) 향후 장애정도의 변화가 예상되는 경우에는 반드시 재판정을 받도록 하여야 한다. 이 경우 재판정의 시기는 최초 판정일로부터 2년 후로 한다.

－재판정 시에 장애상태의 현저한 변화가 예측되는 경우에는 다시 재판정일로부터 2년 이후의 일정한 시기를 정하여 재판정하여야 한다. 다만, 재판정 당시 장애의 중증도나 연령 등을 고려하여 장애상태 변화가 거의 없을 것으로 예측되는 경우에는 재판정을 제외할 수 있다.

(5) 신체에서 동일부위의 판단은 해부학적 구분에 의한 부위별로 하되 팔과 다리는 좌 · 우를 각각 별개의 부위로 본다.

라. 판정개요

(1) 절단장애

(가) 절단장애는 절단부위를 단순 X－선 촬영으로 확인하며, 절단부위가 명확할 때는 이학적 검사로 결정할 수 있다.

(나) 절단에는 외상에 의한 결손뿐만 아니라 선천적인 결손도 포함된다.

(다) 절단장애는 상지절단장애, 하지절단장애로 구분한다.

(2) 관절장애

(가) 관절장애라 함은 관절의 강직 또는 관절의 불안정(동요관절, 인공관절치환술 후 상태 등)이 있는 경우를 말한다.

(나) 관절강직이라 함은 관절이 한 위치에서 완전히 고정(완전강직)되었거나, 관절운동범위가 감소된 것(부분강직)을 말하며, 그 정도는 Goniometer 등 관절운동범위 측정기로 측정한 관절운동범위가 해당관절의 정상운동범위에 비해 어느 정도 감소(%)되었는지에 따라 구분한다.

(다) 이때 관절운동범위는 수동적 운동범위를 기준으로 한다. 수동적 관절운동범위의 측정은 수 분 동안 해당관절의 수동적 관절운동을 시킨 후 검사자가 0.5kg중의 힘을 가하여 관절을 움직인 상태에서 측정한다. 다만, 근육의 마비가 있거나 외상 후 건이나 근육의 파열이 있는 경우(능동적 관절운동범위가 수동적 관절운동범위에 비해 현저히 작을 경우)에는 지체기능 장애로 판정하고, 준용할 항목이 없는 경우 능동적 관절운동범위를 사용하여 관절장애로 판정할 수 있다.

(라) 이학적 검사와 그 근거가 되는 영상의학검사나 근전도 검사 소견 등이 서로 일

치함을 확인하여야 한다.

(마) 세계통증학회(IASP, International Association for the Study of Pain)의 진단기준에 따라 복합부위통증증후군으로 진단받은 후 2년 이상의 지속적이고 충분한 치료에도 불구하고 골스캔 검사와 단순 방사선 검사 또는 CT 검사 등 객관적인 검사 결과 이영양성 변화 등으로 인한 근위축 또는 관절구축 등이 뚜렷한 경우 장애를 판정할 수 있다.

-팔 또는 다리의 관절구축 또는 근위축으로 인한 관절운동 범위가 관절장애의 '장애정도기준'에 해당되는 경우 그 장애상태로 판정한다.

-관절구축 또는 근위축 등이 있으나 관절운동 범위가 관절장애의 '장애정도기준'에 해당되지 않는 경우는 관절장애 장애의 정도가 심하지 않은 장애인의 최소 기준으로 인정한다.

-다만, 신경손상으로 팔 또는 다리 전체에 마비가 있는 경우 지체기능장애의 '장애정도기준'을 적용하여 판정할 수 있다.

(바) 관절장애는 상지관절장애, 하지관절장애로 구분한다.

① 상지관절장애

㉮ 팔의 3대 관절은 어깨관절, 팔꿈치관절, 손목관절을 말한다.

㉯ 손가락의 세 개 관절은 중수지관절, 근위지관절, 원위지관절을 말한다.

-엄지손가락의 관절은 중수지관절, 지관절을 말한다.

㉰ 팔의 3대 관절에 인공관절치환술을 시행하였으나, 예후가 불량하여 뼈스캔 사진 등 영상자료를 통해 뚜렷한 골 융해, 삽입물의 이완, 중등도 이상의 불안정 또는 강직, 염증 소견이 확인되는 경우에는 장애의 정도가 심하지 않은 장애인 중 장애상태 제6호 또는 제12호로 인정한다.

-중등도 이상의 불안정 또는 강직이라 함은 방사선상 아탈구가 나타나거나, 관절운동범위가 해당 관절 운동범위의 50% 이상 감소된 경우를 말한다.

-인공관절치환술 중 관절기능의 기여도가 적은 팔꿈치관절의 요골두 치환술이나 손목관절의 원위척골 치환술과 같은 부분치환술을 시행한 경우는 장애정도를 인정하지 않는다.

② 하지관절장애

㉮ 다리의 3대 관절은 엉덩관절, 무릎관절, 발목관절을 말한다.

㉯ 다리의 3대 관절에 인공관절치환술을 시행하였으나, 예후가 불량하여 뼈스캔 사진 등 영상자료 확인을 통해 뚜렷한 골 융해, 삽입물의 이완, 중등도 이상의 불안정 또는 강직, 염증 소견이 확인되는 경우에는 장애의 정도가 심하지 않은 장애인 중 장애상태 제8호, 제11호 또는 제12호로 인정한다.

–중등도 이상의 불안정이라 함은 방사선상 아탈구가 나타나는 것을 말한다.

–중등도 이상의 강직이라 함은 엉덩관절 또는 무릎관절의 운동범위가 해당 관절 운동범위의 50% 이상 감소하거나 발목관절의 운동범위가 75% 이상 감소된 경우를 말한다.

–인공관절치환술 중 관절기능의 기여도가 적은 슬개골 치환술 등과 같은 부분치환술을 시행한 경우는 장애정도를 인정하지 않는다.

㉰ 엉덩관절 또는 무릎관절에 다음과 같은 장애가 있는 사람은 장애의 정도가 심하지 않은 장애인의 장애상태 제11호로 인정한다.

–객관적인 측정법에 의해 전방 10mm 또는 후방 10mm 이상의 동요관절이 있어 보조기를 착용하여야 하는 사람 또는 습관적인 탈구의 정도가 심하여 일상생활에 심각한 지장을 받는 사람(단순한 습관성탈구 제외)

–객관적인 측정법은 환측의 무릎관절 동요를 측정하고 건측의 무릎관절 동요를 차감하여 결정하되, 전방십자인대 파열인 경우에는 무릎관절을 20~30도 굴곡시킨 상태에서 스트레스 방사선을 촬영하고, 후방십자인대 파열인 경우에는 무릎관절을 약 70~90도 굴곡시킨 상태에서 스트레스 방사선을 촬영한다. 단, 두 다리에 동요관절이 발생된 경우에는 그 측정된 동요정도를 그대로 인정한다.

–인공관절치환술 후 동요는 제㉰항의 '동요관절'로 평가하지 않는다.

(3) 지체기능장애(팔 · 다리 · 척추장애)

(가) 팔, 다리의 기능장애는 팔 또는 다리의 마비로 팔 또는 다리의 전체 기능에 장애가 있는 경우를 말한다.

(나) 마비에 의한 팔, 다리의 기능장애는 주로 척수 또는 말초신경계의 손상이나 근육병증 등으로 운동기능장애가 있는 경우로서, (2) 관절장애 개요 중 '(마)'를 제외한 감각손실 또는 통증에 의한 장애는 포함하지 아니한다.

(다) 팔 또는 다리의 기능장애가 마비에 의하는 때에는 근력이 어느 정도 남아 있지만 기능적이 되지 못할 정도(근력 검사상 Fair 이하)이어야 한다.

(라) 근력은 주로 도수근력검사(Manual Muscle Test)로 측정하며, 근력은 Normal (5), Good(4), Fair(3), Poor(2), Trace(1), Zero(0)로 구분한다.

(마) 팔, 다리의 기능장애판정은 근력 측정치를 판정자료로 활용하여 판단한다.

(바) 이학적 검사와 그 근거가 되는 영상의학검사나 근전도 검사 소견 등이 서로 일치함을 확인하여야 한다.

(사) 척수장애의 판정은 척수의 외상 또는 질환에 의하여 척수가 손상된 경우를 대상으로 한다[척수원추(conus medullaris)와 마미(cauda equina)의 손상을 포함한다]. 따라서 추간판 탈출증, 척추협착증 등으로 인한 신경근 병증에서 나타나는 마비는 해당되지 않는다.

(아) 척수장애는 최초 판정일로부터 2년 후에 재판정을 하여야 한다. 다만, 장애의 중증도나 연령 등을 고려할 때에 장애상태가 거의 변화하지 않을 것으로 예측되는 경우는 재판정을 제외할 수 있다.

(자) 척수병변(질환)은 전산화단층영상촬영(CT), 자기공명영상촬영(MRI), 단일광자전산화단층촬영(SPECT), 양전자단층촬영(PET) 등으로 확인되고, 신경학적인 결손을 보이는 부위와 검사소견이 서로 일치 하여야 한다.

(차) 척수장애인 경우 소아청소년의 경우에는 만 1세 이상의 연령부터 가능하며, 해당 의사의 판단에 따라 판정한다.

(카) 척수장애의 소아청소년은 만 6세 미만에서 장애판정을 받은 경우 만 6세 이상~만 12세 미만에서 재판정을 실시하여야 한다.

-만 6세 이상~만 12세 미만 기간에 최초 장애판정 또는 재판정을 받은 경우 향후 장애상태의 변화가 예상되는 경우에는 만 12세 이상~만 18세 미만 사이에 재판정을 받아야 한다.

(타) 기능장애는 상지기능장애, 하지기능장애, 척추장애로 구분한다.

(4) 변형 등의 장애

㉮ 다리길이의 단축은 반드시 영상의학 검사소견에 의하여 정상측 길이와 비교하여 결정한다.

㉯ 척추의 굽은 정도는 반드시 X-선 촬영 등의 영상의학 검사소견에 의하여 굽은 각도를 측정하여야 한다.

출처: 보건복지부(2022b).

(2) 뇌병변장애 판정 기준

뇌의 손상으로 인한 복합적인 장애는 뇌병변장애로 판정된다. 세부 판정 내용은 다음과 같다.

가. 장애진단기관 및 전문의

의료기관의 재활의학과 · 신경외과 · 신경과 · 소아청소년과(신경분과) 전문의

나. 진료기록 등의 확인

장애진단을 하는 전문의는 원인 질환 등에 대하여 6개월 이상의 충분한 치료 후에도 장애가 고착되었음을 진단서, 소견서, 진료기록 등으로 확인하여야 한다(필요시 환자에게 타 병원 진료기록 등을 제출하게 한다).

다. 장애진단 및 재판정 시기

(1) 뇌성마비, 뇌졸중, 뇌손상 등과 기타 뇌병변(파킨슨병 제외)이 있는 경우는 발병 또는 외상 후 6개월 이상 지속적으로 치료한 후에 장애진단을 하여야 한다.

(2) 파킨슨병은 1년 이상의 성실하고 지속적인 치료 후에 장애진단을 하여야 한다.

(3) 식물인간 또는 장기간의 의식 소실 등의 경우 발병(외상)후 6개월 이상 지속적으로 치료한 후 장애진단을 할 수 있으며, 이러한 경우 최초 판정일로부터 2년 후에 재판정을 하도록 하여야 한다.

(4) 장애상태는 고착되었다 하더라도, 수술을 비롯한 기타의 치료 방법을 시행하면 기능이 회복될 수 있다고 판단하는 경우에는 장애판정을 의료적 조치 후로 유보하여야 한다. 그러나 합병증의 발생, 장애인의 건강상태 등의 이유로 1년 이내에 의료적 조치를 실시할 수 없을 경우는 일단 장애판정을 실시한 후 필요한 시기를 지정하여 반드시 재판정을 받도록 하여야 한다.

(5) 치료 등에 따라 장애정도가 변화할 수 있는 뇌병변은 최초 판정 후 2년 이후의 일정한 시기를 정하여 재판정을 하여야 하며, 재판정 시에 장애상태의 현저한 변화가 예측되는 경우는 다시 재판정일로부터 2년 이후의 일정한 시기를 정하여 재판정을 하여야 한다. 다만, 재판정 당시 장애의 중증도나 연령 등을 고려할 때에 장애상태가 거의 변화하지 않을 것으로 예측되는 경우는 재판정을 제외할 수 있다.

(6) 소아청소년은 만 1세 이상의 연령부터 장애진단이 가능하며 진단 시기는 해당 의사의 판단에 따라 진단한다.

(가) 만 6세 미만에서 장애판정을 받은 경우 만 6세 이상~만 12세 미만에서 재판정을 실시하여야 한다.

(나) 만 6세 이상~만 12세 미만 기간에 최초 장애판정 또는 재판정을 받은 경우 향후 장애상태의 변화가 예상되는 경우에는 만 12세 이상~만 18세 미만 사이에 재판정을 받아야 한다.

라. 판정개요

(1) 뇌병변 장애의 판정은 뇌성마비, 외상성 뇌손상, 뇌졸중과 기타 뇌의 기질적 병변으로 인한 경우에 한한다.

(2) 장애의 진단은 주된 증상인 마비의 정도 및 범위와 뇌병변으로 인한 경직, 불수의 운동, 균형장애, 실조증상 등에 따른 팔 · 다리 기능수행저하를 종합적으로 고려하여 보행과 일상생활동작의 수행능력을 기초로 전체 기능장애 정도를 판정한다.

(3) 전체 기능장애 정도의 판정은 이학적검사 소견, 인지기능평가와 수정바델지수(Modified Barthel Index: MBI)를 사용하여 실시하며 진단서에 내용을 명기한다.

(4) 만 1세 이상~만 7세 미만 소아는 뇌성마비 대운동 기능 분류 시스템(Gross Motor Function Classification System: GMFCS), 대운동 기능평가(Gross Motor Function Measure: GMFM), 베일리발달검사 등을 참고할 수 있다.

(5) 뇌병변은 전산화단층영상촬영(CT), 자기공명영상촬영(MRI), 단일광자전산화 단층촬영(SPECT), 양전자단층촬영(PET) 등으로 확인되고, 신경학적인 결손을 보이는 부위와 검사소견이 서로 일치 하여야한다. 다만, 뇌성마비 등과 같이 뇌영상 자료에 뇌의 병변이 뚜렷이 확인되지 않는 경우에는 임상적 증상을 우선으로 한다.

(6) 뇌의 기질적 병변으로 시각 · 청각 또는 언어상의 기능장애나 지적장애에 준한 지능저하 등이 동반된 경우는 중복장애 합산 인정기준에 따라 판정한다.

(7) 파킨슨병 및 파킨슨증후군은 주요증상(운동완만, 떨림, 경직, 체위불안정, 보행장애)에 대한 진료기록이 충분히 확인되거나 단일광자전산화단층촬영(SPECT) 또는 양전자단층촬영(PET)에서 도파민성 신경세포소실을 시사하는 소견이 확인된 경우에 장애판정한다.

출처: 보건복지부(2022b).

2) 분류

(1) 지체장애 분류

지체장애는 크게 신체의 일부를 잃은 사람, 관절장애가 있는 사람, 지체기능장애가 있는 사람, 신체에 변형 등의 장애가 있는 사람으로 분류하며, 각 장애 분류기준에 의해 장애 정도가 심한 장애인과 장애 정도가 심하지 않은 장애인으로 구분한다. 일례로 다음 〈표 5-1〉은 지체기능장애 중 상지기능장애에 대한 장애정도기준이다.

〈표 5-1〉 **상지기능장애 장애 정도 기준**

분류	장애정도	장애 상태
상지 기능장애	장애의 정도가 심한 장애인	1. 두 팔을 완전마비로 전혀 움직일 수 없는 사람(근력등급 0, 1) 2. 한 팔을 완전마비로 전혀 움직일 수 없는 사람(근력등급 0, 1) 3. 두 팔을 마비로 겨우 움직일 수 있는 사람(근력등급 2) 4. 두 손의 모든 손가락을 완전마비로 전혀 움직이지 못하는 사람(근력등급 0, 1) 5. 두 팔을 마비로 기능적이지는 않지만 어느 정도 움직일 수 있는 사람(근력등급 3) 6. 두 손의 엄지손가락과 둘째손가락을 각각 완전마비로 전혀 움직일 수 없는 사람(근력등급 0, 1) 7. 한 손의 모든 손가락을 완전마비로 각각 전혀 움직일 수 없는 사람(근력등급 0, 1) 8. 한 팔을 마비로 겨우 움직일 수 있는 사람(근력등급 2)
	장애의 정도가 심하지 않은 장애인	1. 두 손의 엄지손가락을 완전마비로 각각 전혀 움직이지 못하는 사람(근력등급 0, 1) 2. 한 손의 엄지손가락과 둘째손가락을 완전마비로 각각 전혀 움직일 수 없는 사람(근력등급 0, 1) 3. 한 손의 엄지손가락 또는 둘째손가락을 포함하여 3개의 손가락을 완전마비로 각각 전혀 움직일 수 없는 사람(근력등급 0, 1)

		4. 한 손의 엄지손가락이나 둘째손가락을 포함하여 4개의 손가락을 마비로 각각 기능적이지는 않지만 어느 정도 움직일 수 있는 사람(근력등급 3) 5. 한 팔을 마비로 기능적이지는 않지만 어느 정도 움직일 수 있는 사람(근력등급 3) 6. 두 손의 엄지손가락을 마비로 각각 기능적이지는 않지만 어느 정도 움직일 수 있는 사람(근력등급 3) 7. 한 손의 엄지손가락을 완전마비로 전혀 움직일 수 없는 사람(근력등급 0, 1) 8. 한 손의 엄지손가락과 둘째손가락을 마비로 각각 기능적이지는 않지만 어느 정도 움직일 수 있는 사람(근력등급 3) 9. 한 손의 엄지손가락 또는 둘째손가락을 포함하여 3개의 손가락을 마비로 각각 기능적이지는 않지만 어느 정도 움직일 수 있는 사람(근력등급 3)

출처: 장애인복지법 시행규칙(2022).

(2) 뇌병변장애

〈표 5-2〉 **뇌병변장애 장애 정도 기준**

장애정도	장애 상태
장애 정도가 심한 장애인	1. 보행이 불가능하여 보행에 전적으로 타인의 도움이 필요한 사람 2. 양쪽 팔의 마비로 이를 이용한 일상생활동작을 거의 할 수 없어, 전적으로 타인의 도움이 필요한 사람 3. 한쪽 팔과 한쪽 다리의 마비로 일상생활동작을 거의 할 수 없어, 전적으로 타인의 도움이 필요한 사람 4. 보행과 모든 일상생활동작의 수행에 전적으로 타인의 도움이 필요하며, 수정바델지수가 32점 이하인 사람 5. 한쪽 팔의 마비로 이를 이용한 일상생활동작의 수행이 불가능하여, 전적으로 타인의 도움이 필요한 사람 6. 마비와 관절구축으로 양쪽 팔의 모든 손가락 사용이 불가능하여, 이를 이용한 일상생활동작의 수행에 전적으로 타인의 도움이 필요한 사람 7. 보행과 모든 일상생활동작의 수행에 대부분 타인의 도움이 필요하며, 수정바델지수가 33~53점인 사람

	8. 마비와 관절구축으로 한쪽 팔의 모든 손가락 사용이 불가능하여, 이를 이용한 일상생활동작의 수행에 전적으로 타인의 도움이 필요한 사람 9. 한쪽 다리의 마비로 이를 이용한 보행이 불가능하여, 보행에 대부분 타인의 도움이 필요한 사람 10. 보행과 모든 일상생활동작의 독립적 수행이 어려워, 부분적으로 타인의 도움이 필요하며, 수정바델지수가 54~69점인 사람
장애 정도가 심하지 않은 장애인	1. 보행과 대부분의 일상생활동작 수행에 간헐적으로 타인의 도움이 필요하며, 수정바델지수가 70~80점인 사람 2. 보행과 대부분의 일상생활동작을 타인의 도움 없이 자신이 수행하나 간헐적으로 수행하지 못하는 때가 있으며, 수정바델지수가 81~89점인 사람 3. 보행과 대부분의 일상생활동작을 자신이 수행하나 간혹 수행 시간이 느리거나 양상이 비정상적인 때가 있으며, 수정바델지수가 90~96점인 사람

출처: 장애인복지법 시행규칙(2022).

〈표 5-3〉 **보행 및 일상생활동작 평가(수정바델지수, Modified Bathel Index)**

총점:

수행정도 / 평가항목	전혀 할 수 없음	많은 도움이 필요	중간 정도 도움이 필요	경미한 도움이 필요	완전히 독립적으로 수행
개인위생[1)]	0	1	3	4	5
목욕(bathing self)	0	1	3	4	5
식사(feeding)	0	2	5	8	10
용변(toilet)	0	2	5	8	10
계단 오르내리기(stair climb)	0	2	5	8	10
착 · 탈의(dressing)[2)]	0	2	5	8	10
대변조절(bowl control)	0	2	5	8	10
소변 조절(bladder control)	0	2	5	8	10
*이동(chair/bed transfer)[3)]	0	3	8	12	15

*보행(ambulation)	0	3	8	12	15
*휠체어이동(wheelchair)[4)]	0	1	3	4	5

1) 개인위생 : 세면, 머리빗기, 양치질, 면도 등
2) 착 · 탈의 : 단추 잠그고 풀기, 벨트 착용, 구두끈 매고 푸는 동작 포함
3) 이동 : 침대에서 의자로, 의자에서 침대로 이동, 침대에서 앉는 동작 포함
4) 휠체어이동 : 보행이 전혀 불가능한 경우에 평가

〈표 5-4〉 **수정바델지수 활용방법 및 평가항목별 내용**

수정바델지수의 일반적인 활용방법	1
1	평가항목의 과제를 수행할 수 없는 경우는 1로 분류하고 바델 점수는 0점에 해당한다.
2	보호자에게 거의 대부분을 의지하는 경우, 또는 누군가 곁에 있지 않으면 안전에 문제가 있는 경우는 2로 분류한다.
3	보호자에게 중등도로 의지하는 경우, 또는 과제를 끝까지 수행하기 위해 보호자의 보호가 필요한 경우는 3으로 분류한다.
4	보호자의 도움이나 보호를 최소로 필요로 하는 경우는 4로 분류한다.
5	완전히 독립적으로 과제를 수행할 수 있는 경우에는 5로 분류한다. 환자의 과제 수행 속도가 느린 경우, 그 기능의 수행을 위해 다른 사람의 도움을 필요로 하지 않는다면 점수를 아래 단계로 분류하지 않는다.

각 항목별 내용	2
1. 개인위생	
등급 (점수)	주요 내용 및 설명
1 (0)	장애인은 모든 개인위생 활동 (이 닦기(의치 포함), 손 씻기, 세수하기, 머리 빗기, 면도하기, 화장하기 등)을 전혀 할 수 없어 **완전히 의존적**이다.
2 (1)	장애인은 개인위생 활동 중 한두 가지는 스스로 할 수도 있으나 대체로 **스스로 하는 부분보다 다른 사람의 도움에 의해 수행되는 부분이 많다.**
3 (3)	장애인은 개인위생 활동 중 하나 이상에서 **약간의 도움이 필요**하다. 화장하기, 한 손을 씻기, 이 닦을 때 칫솔을 치아에 누루기, 턱밑의 수염 깎기, 뒷머리 빗기 등을 수행 할 때 도움이 필요하다. 작업을 끝내기 위해 **계속적인 힌트가 필요**하다.

4 (4)	장애인은 개인위생활동 수행할 수 있으나, **수행 전, 후에 최소한의 도움**이 필요하다. 즉 플러그 끼우기, 면도기 날 고정하기, 뜨거운 물의 온도 조절하기 같은 일을 할 때 **안전에 대해 주의**가 필요하며, **화장을 하거나, 지우거나, 고칠 때 약간의 도움이 필요**할 수 있다.
5 (5)	장애인은 모든 개인위생 활동을 독립적으로 안전하게 수행할 수 있다.

2. 목욕하기	
등급 (점수)	주요 내용 및 설명
1 (0)	장애인은 목욕을 전적으로 타인에게 의존해야한다. 몸을 씻지 못하고, 온 몸을 말리지 못한다.
2 (1)	장애인은 목욕의 모든 과정에서 도움과 지시가 필요하다. 가슴과 팔은 스스로 씻을 수도 있다.
3 (3)	장애인은 샤워실 (또는 욕조)로 **이동시 도움**이 필요하다. 욕조에 앉기, 비누칠하기, 수건으로 닦기, 수건빨기, 팔다리를 씻을 때 도움이 필요하다. 장애인은 힌트, 유도 또는 감독을 필요로 한다.
4 (4)	장애인이 샤워실(또는 욕조)로 이동하거나, 목욕물의 온도를 조절 할 때 안전에 대한 보호가 필요하며, **목욕기구, 목욕물, 세제 등을 준비하는데 도움**이 필요하다. 목욕하는데 비장애인에 비해 3배 이상의 시간이 소요된다.
5 (5)	장애인은 모든 목욕 과정을 독립적으로 수행할 수 있으나, 목욕시간이 비장애인의 2배까지 소요 될 수 있다.

3. 식사하기	
등급 (점수)	주요 내용 및 설명
1 (0)	장애인은 모든 식사 과정을 타인에게 의존해야 한다. 보호자가 음식을 떠서 입에 넣어주면 장애인은 오직 씹고 삼키기만 한다. 튜브영양 때 주입, 연결, 세척, 주입속도 조절 등에 많은 도움이 필요하다.
2 (2)	장애인은 대개 숟가락은 다룰 수는 있지만, 식사하는 동안 다른 사람의 적극적인 도움이 필요하다. 즉 장애인은 다른 사람이 **숟가락에 음식을 올려주면 입으로 가져가 먹을 수 있다. (숟가락 사용 가능하나 음식을 뜰 수는 없음)**

3 (5)	장애인은 스스로 식사를 할 수 있는데, 숟가락으로 음식을 담아 입으로 가져가 먹을 수 있으나 **젓가락 사용은 어렵다**. 차에 설탕을 넣거나, 음식에 소금과 후추를 치거나, 국에 밥을 말거나, 접시를 돌리는 등 식사 준비 과정에 도움이 필요하다. 음식이 목에 메이거나 급히 먹을 수 있으므로 적절한 지시나 격려, 보호하는 사람이 필요할 수 있다.
4 (8)	장애인은 식사 중 고기를 자르거나 김치를 썰려고 할 때, 병뚜껑 열어야 할 때 도움이 필요 할 수 있는 것을 제외하고는 식사를 혼자서 할 수 있다. **미세한 젓가락질은 어렵지만 젓가락으로 사용이 가능**하다. 대체로 식사 중 다른 사람이 있어야 할 필요는 없다. 비장애인보다 식사시간이 오래 걸린다.
5 (10)	장애인은 식판(tray)의 음식이나, 식탁위에 손이 닿는 위치에 있는 음식은 혼자서 먹을 수 있다. 장애인은 숟가락, 포크, 젓가락, 컵, 유리잔, 긴 빨대, 보조 장구, 소매커버를 사용할 수 있고, 또한 음식물을 담아두는 그릇의 뚜껑을 열거나, 액체를 붓고나, 고기를 자르는 일을 위험 없이 할 수 있다.

4. 용변처리	
등급 (점수)	주요 내용 및 설명
1 (0)	장애인은 용변을 전적으로 타인에 의해 이루어진다.
2 (2)	장애인은 모든 용변 과정에 도움이 필요하다. 즉 변기로 옮기기, 옷 추스르기(하의와 팬티를 내리고 올리거나, 지퍼를 열고 닫는 등), 화장지 사용, 회음부 위생에서 많은 도움이 요구된다.
3 (5)	**장애인은 회음부 위생은 스스로 수행** 가능하나 변기로 옮길 때, 옷을 추스를 때, 또는 손을 씻을 때 도움이 필요할 수 있다. 즉 손을 씻을 때 균형을 잡기 위해, 지퍼를 열고 닫기 등 옷을 추스리기 위해 타인의 보호나 도움이 필요할 수 있다.
4 (8)	장애인은 안전하고 정상적인 용변을 위해 보호가 필요하며, 화장지 준비를 하는데 도움이 필요할 수 있다. 밤에는 이동변기가 필요할 수 있고, 이동변기를 비우고 씻는 데는 도움이 필요하다. **좌변기는 스스로 사용가능하나 재래식 쪼그려 앉는 변기 사용은 어려움**이 있다.
5 (10)	장애인은 변기에 앉고 일어 날수 있고, 용변을 보기 위해 벗고 입을 수 있으며, 용변을 볼 때 옷을 더럽히지 않을 수 있다. 용변의 과정에서 여러 가지 도구들을 사용할 수 있고 안전하게 균형을 유지할 수 있다. 필요하면 밤에는 이동변기를 사용할 수 있으나 그것을 비우고 세척을 할 수 있어야 한다. **좌변기와 재래식 쪼그려 앉는 변기 사용 모두 가능**하다.

5. 계단 오르기	
등급 (점수)	주요 내용 및 설명
1 (0)	장애인은 계단을 오르내릴 수 없다. (2인 이상의 도움 필요)
2 (2)	장애인은 계단을 오르내리는 전 과정에서 보행 보조기를 사용하는 등 도움이 필요하다. (1인의 부축이 필요)
3 (5)	장애인은 계단을 오르내릴 수는 있으나, 보호자나 보조자가 필요하다.
4 (8)	장애인은 일반적으로 도움 없이 계단을 오르내릴 수 있으나 간혹, 사지가 뻣뻣하거나 숨이 찬 경우에는 안전을 위해 보호가 필요하다.
5 (10)	장애인은 타인의 도움이나 보호 없이 스스로 계단을 안전하게 오르내릴 수 있다. 필요할 때에는 난간을 집거나, 지팡이 또는 목발을 사용할 수 있으며, 계단을 오르내리며 보조 장비를 가지고 갈 수 있다.

6. 옷 입기	
등급 (점수)	주요 내용 및 설명
1 (0)	장애인은 옷을 갈아입는 전 과정에서 의존적이다. 즉 옷소매에 팔을 넣거나 바지에 다리를 넣을 수 있으나 타인이 전적으로 옷을 입혀 주어야 한다.
2 (2)	장애인은 옷을 갈아입는 과정에서 일부 참여는 할 수 있지만, 전반적으로 타인의 도움이 최대한 필요하다. 즉 장애인이 상의에 한쪽 팔을 끼울 수는 있으나 머리를 집어넣거나 다른 팔을 넣기 위해서는 도움이 필요하며, 다리를 집어넣고 바지를 올릴 수 있으나 나머지 부분은 도움이 필요하다. 브래지어에 팔만 끼울 수 있다.
3 (5)	장애인은 옷을 입거나 벗는 과정에서 도움이 필요하다. 즉 입을 옷을 준비하거나 의상 부속품으로 치장하기, 또는 옷을 입고 벗는 **시작과 마무리 단계에서 타인의 도움이 필요**하다.
4 (8)	**장애인은 옷장에서 옷을 꺼내거나 옷을 조이는 과정(단추, 지퍼, 브래지어, 신발 끈 등)에 타인의 도움이 약간 필요**하다. 이런 과정에서 유도, 재촉, 또는 힌트가 필요할 수도 있으며, 옷 입는 **시간이 정상의 3배 이상** 소요될 수도 있다.

5 (10)	장애인은 옷을 준비해서 입고 벗을 수 있고, 옷과 신발 끈을 조이거나, 코르셋, 보조기, 의지를 입고, 조이고 벗을 수 있다. 장애인은 속옷, 바지, 치마, 허리띠, 양말, 신발 끈을 조정할 수 있다. 브래지어, 목이 긴 스웨터, 지퍼, 단추 등을 관리할 수 있고, 벨크로, 지퍼 손잡이 등 다양한 보조 장치도 이용할 수 있다. 이상의 동작들을 적절한 시간 내에 수행 할 수 있다.

7. 배변조절	
등급 (점수)	주요 내용 및 설명
1 (0)	장애인은 배변을 조절하지 못하여 기저귀나 흡수용 패드를 착용해야 한다.
2 (2)	장애인은 적절한 배변자세를 취하거나 장운동촉진 방법을 시행하기 위해 도움이 필요하다. 도움을 주는 데에도 불구하고 실변하는 경우가 자주 있으며 패드 착용이 필요하다.
3 (5)	장애인이 적절한 배변자세는 취할 수 있지만 배변 후 항문을 닦는 일이나 실변 보조기구(패드 등) 착용을 위해 타인의 도움이 필요하다. 실변하는 경우는 드물다.
4 (8)	장애인은 좌약을 항문에 넣거나 관장하는 과정에 보호가 필요하다. 실변은 드물지만 실변 예방을 위해서는 재촉이나 힌트 혹은 규칙적 배변이 필요하다.
5 (10)	장애인은 배변조절을 스스로 완벽히 할 수 있기 때문에 실변하는 일은 없다. 손가락 자극, 변비약이나 좌약 사용, 관장은 주기적으로 할 수 있다. 인공항문형성술 시에는 이를 독립적으로 관리를 할 수 있다.

8. 배뇨조절	
등급 (점수)	주요 내용 및 설명
1 (0)	장애인은 배뇨조절을 전혀 할 수 없어 실뇨가 있거나 지속적 도뇨를 하고 있다. 즉 밤낮으로 실뇨가 있어 외부도뇨, 배뇨백, 야간백 사용 모두 도움이 필요하다.
2 (2)	**장애인은 실뇨**가 있으나 도뇨 기구 사용으로 도움이 될 수 있다. **배뇨자세를 취하기 위해서는 도움**이 필요하지만 **소변기를 제자리에 유지**하고 있을 수 있다. 외부 도뇨기구, 튜브, 배뇨백 관리에 모두 도움이 필요하다.

3 (5)	장애인은 배뇨는 할 수 있지만 **배뇨자세를 취하거나 도뇨 기구, 패드 혹은 다른 기구 사용에 도움이 필요**하다. **음경을 소변통에 넣을 수 있고, 다리를 벌린 상태로 몸을 유지**할 수 있으며, 도뇨관을 삽입 할 수 있다. 간혹 **실뇨**가 있다. 유도, 힌트, 감독이 필요할 경우도 있다.
4 (8)	**장애인은 대체적으로 실뇨가 없으나 화장실을 빨리 찾지 못하면 실뇨를 할 수 있다.** 기구 사용이나 준비에 약간의 도움이 필요하다. 실뇨 예방을 위해 재촉이나 힌트 혹은 규칙적 배뇨가 필요할 수 있다.
5 (10)	장애인은 배뇨조절이 가능하고, 기구 사용을 스스로 할 수 있으며, 패드나 기저귀가 젖기 전에 교환할 수 있다.

9. (의자/침대) 이동	
등급 (점수)	주요 내용 및 설명
1 (0)	장애인은 의자/침대, 침대/의자 간을 이동할 때 전혀 참여하지 못하여 아무런 도움이 되지 못한다. 장비의 사용 여부에 상관없이 **두 명의 도움**이 필요하다.
2 (3)	장애인은 의자/침대, 침대/의자 간을 이동할 때 참여하기는 하지만, 이동 동작의 전 과정에서 **한 명의 최대한의 도움이 필요**하다.
3 (8)	장애인은 의자/침대, 침대/의자 간을 이동할 때 한 명의 도움이 필요하며, 도움은 이동 동작의 어느 과정에서도 필요할 수 있다.
4 (12)	장애인은 의자/침대, 침대/의자 간을 이동할 때 **슬라이딩 보드를 조절하고, 의자차의 발판을 움직일 수 있으나 최소의 도움이 필요**하다. 이동 동작을 잘 수행하거나 안전을 위해 한 명의 보호자가 필요하다.
5 (15)	장애인은 의자/침대 이동 동작을 독립적으로 수행할 수 있어야 한다. 즉 의자차를 침대에 안전하게 부치고, 제동장치를 잠그고 발판을 들어 올린 후 침대로 옮겨 누울 수 있으며, 반대로 침대 모서리에 앉아 의자차를 제대로 위치시킨 후 의자차로 안전하게 이동 할 수 있다. 보행이 가능하다면, 의자에서 앉고 서거나 침대에서 의자로 안전하게 이동한다.

10. 보행 (만일 보행이 불가능하여 의자차 훈련을 하면 적용하지 않는다)	
등급 (점수)	주요 내용 및 설명
1 (0)	장애인은 혼자서는 보행이 불가능하며, 보행을 위해서는 두 명 이상의 도움이 필요하다. ☞ 의자차 항목을 평가함.
2 (3)	장애인은 보행의 최대의 도움이 필요하다 즉 보행에는 한 명 이상의 도움이 지속적으로 필요하다.
3 (8)	장애인은 보행이 가능하지만, 보행보조기구(지팡이, 워커 등)를 챙기거나 보조기구를 조작하는데, 문지방이나 불규칙한 지면을 지날 때에 도움(한 명)이 필요하다.
4 (12)	장애인은 보행이 가능하나 50미터 미만이고 시간이 오래 걸리며, 안전을 위해 보호가 필요하다.
5 (15)	장애인은 보조기(목발, 지팡이, 보행보조기 등)를 독립적으로 사용할 수 있으며, 앉아서 필요한 기구들을 사용할 수 있는 위치로 놓을 수 있어야 한다. 도움이나 보호 없이 50미터 이상 보행할 수 있다.

11. 의자차(보행 가능한 경우 적용하지 않는다: 2등급 이상)	
등급 (점수)	주요 내용 및 설명
1 (0)	장애인은 의자차 보행에 전적인 도움이 필요하다.
2 (1)	장애인은 평지에서 의자차를 단거리는 전진시킬 수 있으나 그 외의 모든 의자차 조작(브레이크, 팔걸이 조절 등)에 도움이 필요하다.
3 (3)	의자차를 전진시킬 수 있으나 의자차를 탁자 침대 등에 가까이 댈 때, 가구 주위나 제한된 공간에서 조작할 때는 도움이 필요하다.
4 (4)	장애인이 평평한 지면에서는 의자차 보행을 충분한 시간동안 혼자 사용할 수 있지만, 좁은 길모퉁이를돌 때에는 약간의 도움이 필요하다. 제한된 공간에서 의자차를 조작할 때 구두 지시나 도움이 필요한 경우가 가끔 있다.
5 (5)	장애인은 의자차를 독립적으로 사용하여 길모퉁이를 돌고, 회전할 수 있고, 또한 탁자, 침대에 가까이 댈 수 있을 뿐 아니라 화장실에서 조작할 수 있다. 의자차를 적어도 50미터는 전진시킬 수 있어야 한다.

대표적인 뇌병변장애로는 뇌성마비, 외상성 뇌손상, 뇌졸중이 있다.

① 뇌성마비

뇌성마비는 태아 혹은 영아의 뇌에 발생하는 비진행적인 손상에 의해 운동 및 자세의 장애를 초래하는 질환군이다. 뇌 손상으로 인한 활동의 제한, 감각, 인지, 의사소통, 지각, 행동 장애 및 경련 등이 동반되는 것으로 보고된다(대한소아재활의학회, 2008). 뇌성마비의 분류는 운동장애 유형에 따라, 마비 부위에 따라 〈표 5-5〉과 같이 나뉜다.

〈표 5-5〉 **뇌성마비의 분류**

운동장애 유형에 따른 분류	마비 부위에 따른 분류
• 경직형: 뇌성마비 전체의 70~80%. 근경직에 의해 팔다리 관절이 뻣뻣해지고 점차 관절 구축과 변형을 초래한다. • 불수의운동형: 뇌성마비 전체의 20~25%. 근긴장도가 조절 되지 않아 경직과 불수의운동(무정위운동)이 반복적으로 나타난다. • 운동실조형: 뇌성마비의 전체의 2~5%. 협응 운동능력, 위치감각이 상실된 상태로 몸통의 흔들거림이 심하여 자세 및 움직임 조절이 어렵다. • 혼합형: 앞의 유형 중 둘 이상이 동시에 나타나는 경우이다.	• 양지마비형: 주로 양측 하지의 운동기능 장애가 뚜렷하고, 좌우가 비대칭적 양상을 보인다. 균형과 협응능력에도 제한을 갖는다. • 사지마비형: 양측 상지와 하지의 운동장애가 동반되는 경우이다. 대부분 운동장애 정도가 심하고, 조기 발생하는 특징을 갖는다. • 편마비형: 좌우 어느 한쪽의 상지와 하지에 운동 장애가 있는 경우이다. 주로 우측 편마비가 좌측 편마비보다 많으며, 상지기능장애가 하지보다 뚜렷한 경우가 많다. • 단지마비형: 사지 중 어느 한쪽에 마비가 있는 경우이며, 드물게 나타난다. • 삼지마비형: 사지 중 세 부분에 마비가 있는 경우이며, 드물게 나타난다.

출처: 국립특수교육원(2016); 대한소아재활의학회(2008).

② 외상성 뇌손상

사고 등으로 신체에 가해진 충격에 의한 뇌손상을 의미한다. 중증 뇌손상은 아동에게 장기간의 신체적 · 인지적 · 정신사회적 기능장애를 일으키는 것으로 알려져 있으며, 아동 · 청소년기 사망 및 손상의 가장 흔한 원인으로 보고된다(대한소아재활의학회, 2008; 유지숙 외, 2000). 손상 정도에 따라 미세한 병변에서부터 외관으로 확인 가능한 병변까지 다양하며, 두개골 함몰골절, 경련, 뇌실 내 출혈, 뇌부종 등이 동반되기도 한다(대한소아재활의학회, 2008; 류명선 외, 2006).

③ 뇌졸중

뇌졸중은 뇌에 혈액을 공급하는 혈관이 막히거나 파열됨으로써 신경학적 손상이 발생되는 질환을 의미하며, 일반적으로 연령이 증가할수록 발생빈도가 높아진다. 소아뇌졸중은 성인에 비해 매우 낮은 편으로, 아동에게 후천적으로 뇌손상을 일으켜(류주석 외, 2009; 홍승의 외, 2018), 운동마비, 인지장애, 뇌전증 등의 신경학적 장애를 유발하기도 한다(홍승의 외, 2018). 뇌졸중은 뇌혈관이 막혀 뇌 손상을 일으키는 허혈성 뇌졸중(뇌경색)과 뇌 조직의 혈관 파열로 발생되는 출혈성 뇌졸중(뇌출혈)으로 분류된다.

4. 특성

지체장애의 경우 80% 이상이 경증으로, 뇌병변장애의 경우 60% 이상이 중증으로 분류되고 있다(한국장애인고용공단 고용개발원, 2020). 2021년 특수교육 연차보고서에 따르면 지체장애로 인한 특수교육대상자 수는 총 9,695명으로 전체의 9.9%를 차지하며(교육부, 2021b), 이 중 3,246명의 아동이 뇌병변장애로 등록되어 있는 것으로 나타났다(교육부, 2021a). 지체장애인의 81.4%,

뇌병변장애인의 89.4%는 3개월 이상 지속되는 만성질환으로 어려움을 겪는 것으로 보고된다.

1) 인지적 특성

지체·뇌병변장애는 그 범주가 다양하기 때문에 인지적 특성을 하나로 설명하기 매우 어렵다. 일반적으로 신경계통의 장애가 있는 경우 인지뿐 아니라 지각능력에도 결함을 보이는데(김일명 외, 2013), 뇌병변장애 중 뇌성마비는 인지기능 장애로 인한 언어장애, 청각장애의 중복 장애의 경우가 높아 학습장애가 유발될 가능성이 높다(대한소아재활의학회, 2008).

2) 신체적 특성

(1) 지체장애

지체장애 아동은 골, 관절, 근육 등의 문제를 가지며, 주로 휠체어를 사용하거나 장거리 이동이 어려워 보조기구 또는 타인의 도움을 받아 이동한다(한국특수교육학회, 2008). 아동의 지체장애는 주로 신경근육계의 이상에 의한 것으로 정상적 운동발달에 어려움을 갖는다(박은혜, 1996). 지체장애 아동은 비장애 아동에 비하여 운동경험의 부족, 불충분한 체성감각과 시지각 등으로 상지 기능에도 많은 문제를 지닌다(오명화, 1999).

(2) 뇌병변장애

뇌성마비의 경우, 어눌한 보행, 손가락의 민첩성 부재, 발작, 시력과 청력의 손상, 언어장애 및 학습 곤란, 기타 신체운동 능력에서 어려움을 지닐 수 있다(이달엽, 2016). 예를 들어, 의자에 앉는 자세를 유지할 수 없거나 어려우며, 보행 또는 계단 오르내리기를 스스로 수행하기 어렵고, 근육의 마비로 인한 도구 사용의 어려움을 지닌다(한국특수교육학회, 2008).

3) 심리정서적 특성

뇌성마비장애인 150명 중 75%는 정서부적응을 겪고 있으며, 35명의 유치원생 중 7명이 정서장애, 4명이 행동장애를 겪은 것으로 보고되었다(Hourcade & Parette, 1984; 이달엽, 2016 재인용). 지체장애는 신체적 활동 제한으로 경험의 폭이 좁으며, 대인관계와 상황 처리, 사회화 과정에서 다양한 부적응 행동을 보이는데, 일반적으로 주의력 산만, 위축감, 충동성, 고집스러운 행동 등을 들 수 있다(김순영 외, 2007; 조홍중, 2008). 특히 뇌병변 중 뇌성마비는 비장애아동에 비해 ADHD를 동반하는 경우가 높은 것으로 보고되었다(대한소아재활의학회, 2008). 뇌성마비의 조기 중재는 주로 물리치료, 작업치료, 언어치료, 외과 수술 등의 의료적 지원을 중심으로 이루어지나, 의료모델 안에서 장기적으로 환자취급을 받게 되는 경우 전문가 의존성을 강화시켜 개인의 주도성이나 독립성을 유지하기 어려울 수 있다(이달엽, 2016).

4) 사회적 특성

지체장애인의 49.7%, 뇌병변장애인의 46%는 학령기에 또래학생으로부터 차별 받은 경험이 있는 것으로 보고되었다(보건복지부, 2020). 질환에 대한 불안감, 신체 손상에 대한 두려움으로 인해 퇴행행동이 나타나기도 하고, 사회관계에 소극적인 태도를 보이기도 한다. 청소년기에는 외적인 부분에서 자신이 또래와 다르게 보이는 것에 대해 걱정하며, 또래관계 안에서 소외됨의 두려움을 느낀다.

5. 미술심리재활

1) 기본 원리

뇌혈관 질환과 같은 아동의 뇌병변은 발달을 저해하는 위험 요소를 지니고 있으나, 건강한 신경 조직이 남아 있으며 발달 과정 중인 뇌신경 조직의 가소성이 높아서 성인 뇌병변에 비하여 예후가 좋은 것으로 보고되기도 하였다(류주석 외, 2009). 그러나 뇌병변장애는 전형적 신체장애보다 복잡한 일련의 문제를 나타내므로 재활과정에서 의료적 · 심리적 · 사회적 문제를 동시에 고려해야 한다. 일반적으로는 운동장애, 지능장애, 언어장애, 정서장애와 같은 중복 장애를 수반하며, 신체적 재활과 더불어 정서 안정을 도모할 수 있는 자발적 욕구와 치료전략이 요구된다(임지향, 2008).

2) 목표 및 기대효과

지체 · 뇌병변장애를 위한 심리사회적 재활의 핵심은 환경 조건들을 극대화한 치료와 신체적 제약의 보완뿐 아니라 개인의 자아효능감을 증진시키고 긍정적 심리요소를 높이는 것을 목표로 한다.

(1) 목표

미술치료에서의 작업과정은 기본적으로 상지 기능의 사용을 전제로 하므로 지체 · 뇌병변장애 아동의 기능훈련에 도움을 줄 수 있다. 특히 뇌성마비 아동의 경우 근 조절의 어려움뿐 아니라 근 위약이 동반되는 경우가 많아 근력 강화 운동이 필수적인데(대한소아재활의학회, 2008), 미술작업 준비단계에서의 자세 잡기, 미술 도구를 활용하기 위한 움직임 조절, 양손 및 눈-손 협응은 기능훈련과 맥을 같이 할 수 있다. 이때 미술치료가 제공하는 유희성과 심리적 안정성은 장애아동의 자발적인 움직임을 유도하는 촉진제가 된다.

(2) 기대효과

심리사회적 측면에서 미술은 지체·뇌병변장애 아동이 가능한 한 독립적으로 기능할 수 있는 중요한 기회를 제공한다. 장애아동은 자주 타인에게 의지하게 되지만, 미술치료에서 아동은 독립적인 선택과 의사결정을 통해 상징적이고 의미 있는 용어로 자신을 정의하는 데 도움을 받을 수 있다. 매체를 사용하고, 미술활동에 숙련되고, 자신의 기술이 발전된 것에 대한 기쁨과 즐거움을 맛보며, 스스로의 힘으로 만들어 낸 작품에 대한 자부심을 느낄 수 있다(정여주, 2003; Rubin, 2005). 중증의 장애아동은 신체적으로나 심리적으로 자신이 통제할 수 없다고 느끼는 경우가 많기 때문에 그들이 실제로 다룰 수 있는 매체와 기법이 중요하며(Rubin, 2005), 미술작품의 완성보다는 작품 제작과정에 초점을 맞출 필요가 있다.

참고문헌

교육부(2022). 2022 특수교육통계.

국립특수교육원(2016). 양육길라잡이: 지체장애(뇌병변장애).

대한소아재활의학회(2008). **소아재활의학**. 경기: 군자출판사.

김순영, 정은희(2007). 소조활동이 중복·지체부자유 학생의 소근육 운동기능 및 주의집중에 미치는 영향. **특수아동교육연구, 9**(4), 249-270.

류명선, 이건수(2006). 소아의 외상성 뇌손상. **대한소아신경학회지, 14**(1), 87-93.

류주석, 박진홍, 박은하, 차은혜, 성인영(2009). 단일 병원에서의 소아뇌졸중의 원인, 임상적 양상 및 기능회복에 대한 연구. **대한재활의학회지, 33**(3), 276-281.

보건복지부(2022a). 2022 장애통계연보.

보건복지부(2022b). 장애정도 판정기준. 보건복지부 고시 제2022-167호

박은혜(1996). 지체부자유 학생들을 위한 자세잡기와 다루기 전략에 관한 고찰, **교육과학연구**, 24, 145-162.

송영재, 황태규, 김수천(1996). 영아 및 소아에서 뇌졸중의 임상 생존에 대한 고찰, **소아과**, 39(2), 246-254.

유지숙, 국승희(2000). 외상성 뇌손상 아동의 임상적 특징과 KEDI-WISC 반응의 관계. **한국심리학회지: 임상**, 19(1), 151-160.

이경찬(2014). 지체장애인의 개인가치와 심리적 임파워먼트가 관광행동에 미치는 영향. 한양대학교 대학원 박사학위논문.

이광춘, 이지숙, 김경환, 박준석, 신동운, 김훈, 박준민, 김현종, 신희준, 전우찬(2017). 학령전기 소아 추락 손상의 특징과 위험요인, **대한응급의학회지**, 28(4), 354-361.

이달엽(2016). 뇌병변장애인의 심리사회적 특성 연구: 장애영역별 비교. **지체 · 중복 · 건강장애연구**, 59(1), 1-27.

이미숙, 구신실, 노진아, 박경옥, 서선진(2018). **예비교사를 위한 특수교육학 개론**. 서울: 학지사.

정재원 (2019) 집단미술치료가 지체장애인의 자아존중감과 자기표현에 미치는 효과. **지체 · 중복 · 건강장애연구**, 62(3), 221-251.

정여주(2003). **미술치료의 이해**. 서울: 학지사.

조홍중(2008). 지체부자유 학생의 삶의 질에 관한 연구. **지체 · 중복 · 건강장애연구**, 51(2), 1-20.

한국장애인고용 공단고용개발원(2020). 2020 장애인통계.

홍강의 외(2014). **소아정신의학**. 서울: 학지사.

홍승의, 장성환, 정의석, 김영옥, 최영륜, 우영종(2018). 소아 허혈성 뇌졸중의 신경학적 예후: 단일 기관 연구. **대한소아신경학회지**, 26(3), 152-158.

American Psychiatric Association(2015). DSM-5 간편 정신질환진단통계편람[*Desk Reference to thr Diagnostic Criteria from DSM-5*]. (권준수 역). 서울: 학지사. (원전은 2013년에 출판).

Hourcade, P. K., & Parette, Jr. J. P. (1984). Cerebral palsy and emotional disturbance:

A review and implications for intervention. *Journal of Rehabilitation, 51*(3), 55-60.

Rubin, J. A. (2005). *Child art therapy* (25th ed). NJ: Wiley.

장애인복지법 시행규칙(2022). http://www.law.go.kr

제6장

정서·행동장애(최한)

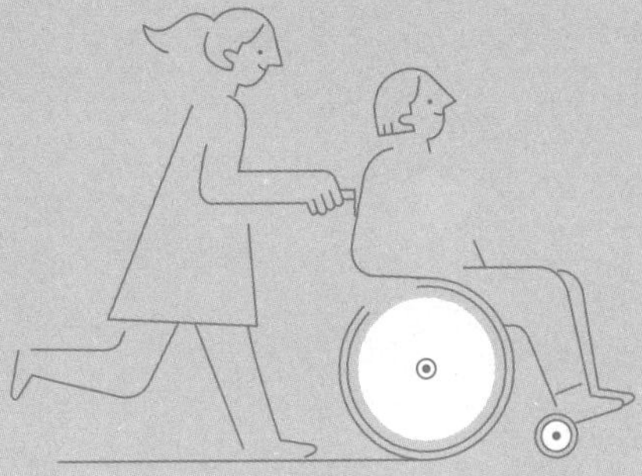

● 정신건강의 날 ●

보건복지부가 정신질환에 대한 인식 개선과 사회적 편견을 해소하고 국민에게 정신건강의 중요성을 인식시킬 목적으로 4월 4일을 '정신건강의 날'로 지정함

1. 정의

정서 · 행동장애(emotional behavioral disorder)는 사회적 구성 개념으로서 이에 대한 공식적 정의는 없다. 구체적인 이유는 다음과 같다. 첫째, 다양한 학문 영역에 정서장애(emotional disorder 또는 emotional disturbance), 정서 · 행동장애(emotional behavioral disorder) 등의 용어가 혼재되어 사용되고 있어 정의하기 어렵다. 둘째, 문화적 그리고 사회적 규범에 따라 용납되는 정서 · 행동장애의 규준과 수준이 다르므로 정의하기 어렵다. 셋째, 다른 장애 또는 질병과 공존(comorbid)되는 경우가 많고, 특히 경도 정신지체, 학습장애와 공통되는 특징이 많으므로 장애의 원인에 대한 인과관계를 따지기 어렵다. 넷째, 정서 및 행동상의 문제가 일시적으로 발현되어 특별한 이유 없이 소거되는 경우가 빈번함으로 장애나 질병으로 분류되기 어렵다. 다섯째, 인간의 정서와 행동을 정상과 이상으로 이분법적인 체계로 분류하는 것에 따른 경계의 모호함이 존재하기 때문이다. 그러함에 불구하고 대표적으로 특수교육과 정신보건 영역에서 정서 · 행동장애 정의가 광범위하게 사용되고 있으며, 두 영역에서 해석과 기준의 차이를 두고 있다. 특수교육과 정신보건 영역에서의 정서 · 행동장애에 대한 정의는 다음과 같다.

1) 「특수교육법」과 IDEA의 정의

「특수교육법」(2007)과 「미국 장애인 교육법(Individual with Disability Education ACT: IDEA)」은 정서 · 행동장애를 다음과 같이 정의하고 있는데, 우리나라 「특수교육법」과 IDEA(2004)의 정서 · 행동장애의 정의는 유사하다.

〈표 6-1〉 「특수교육법」과 IDEA의 정서 · 행동장애 정의

특수교육법(2007)	IDEA(2004)
장기간에 걸쳐 다음 각 목의 어느 하나에 해당하여, 특별한 교육적 조치가 필요한 사람 가. 지적 · 감각적 · 건강상의 이유로 설명할 수 없는 학습상의 어려움을 지닌 사람 나. 또래나 교사와의 대인관계에 어려움이 있어 학습에 어려움을 겪는 사람 다. 일반적인 상황에서 부적절한 행동이나 감정을 나타내어 학습에 어려움이 있는 사람 라. 전반적인 불행감이나 우울증을 나타내어 학습에 어려움이 있는 사람 마. 학교나 개인 문제에 관련된 신체적인 통증이나 공포를 나타내어 학습에 어려움이 있는 사람	다음의 특성 중 한 가지 혹은 그 이상이 장기간에 걸쳐 현저한 정도로 나타나되, 그것이 교육적 수행에 역으로 영향을 끼치는 상태 의미 ① 지적, 감각적 혹은 건강요인으로 설명될 수 없는 학습의 무능력 ② 또래 및 교사와의 만족할 만한 대인관계 형성과 유지의 무능력 ③ 정상적인 상황에서 부적절한 형태의 행동과 감정을 나타냄 ④ 일반적이고 막연한 불행감 혹은 우울감 ⑤ 개인적 혹은 학교문제와 관련되어 신체적 증상이나 공포를 나타내는 경향 (ii) 이 용어에는 정신분열증을 포함. 그러나 정서장애를 가지고 있다고 판별되지 않는 한 사회적 부적응 아동은 이 용어에 포함하지 않음

2) 「장애인복지법」의 정의

「장애인복지법 시행규칙」(2021; 일부 개정)상 정신장애로 명칭하고 있으며, 정의는 〈표 6-2〉와 같다.

〈표 6-2〉 「장애인복지법」에서의 정신장애 정의

장애정도	장애상태
장애의 정도가 심한 장애인	1. 조현병 또는 뇌의 신경학적 손상으로 인한 기질성 정신장애로 망상, 환청, 사고장애, 기괴한 행동 등의 양성증상 또는 사회적 위축과 같은 음성증상이 심하고 현저한 인격변화가 있으며, 기능 및 능력장애로 인하여 능력장애 판정기준의 6항목 중 3항목 이상에서 전적인 도움이 필요한 사람

2. 양극성 정동장애(조울병)로 기분, 의욕, 행동 및 사고장애 증상이 심한 증상기가 지속되거나 자주 반복되며, 기능 및 능력장애로 인하여 능력장애 판정기준의 6항목 중 3항목 이상에서 전적인 도움이 필요한 사람
3. 재발성 우울장애로 정신병적 증상이 동반되고 기분, 의욕, 행동 등에 대한 우울증상이 심한 증상기가 지속되거나 자주 반복되며, 기능 및 능력장애로 인하여 능력장애 판정기준의 6항목중 3항목 이상에서 전적인 도움이 필요한 사람
4. 조현정동장애로 장애의 정도가 심한 장애인 1호 내지 3호에 준하는 증상이 있는 사람
5. 조현병 또는 뇌의 신경학적 손상으로 인한 기질성 정신장애로 망상, 환청, 사고장애, 기괴한 행동 등의 양성증상 및 사회적 위축 등의 음성증상이 있고 중등도의 인격변화가 있으며, 기능 및 능력장애로 인하여 능력장애 판정기준의 6항목 중 3항목 이상에서 많은 도움이 필요한 사람
6. 양극성 정동장애(조울병)로 기분, 의욕, 행동 및 사고장애 증상이 있는 증상기가 지속되거나 자주 반복되며, 기능 및 능력장애로 인하여 능력장애 판정기준의 6항목 중 3항목 이상에서 많은 도움이 필요한 사람
7. 재발성 우울장애로 망상 등 정신병적 증상이 동반되고 기분, 의욕, 행동 등에 대한 우울증상이 있는 증상기가 지속되거나 자주 반복되며, 기능 및 능력장애로 인하여 능력장애 판정기준의 6항목 중 3항목 이상에서 많은 도움이 필요한 사람
8. 조현정동장애로 장애의 정도가 심한 장애인 5호 내지 7호에 준하는 증상이 있는 사람
9. 조현병 또는 뇌의 신경학적 손상으로 인한 기질성 정신장애로 망상, 환청, 사고장애, 기괴한 행동 등의 양성증상이 있으나 인격변화나 퇴행은 심하지는 아니한 경우로서, 기능 및 능력장애로 인하여 능력장애 판정기준의 6항목 중 3항목 이상에서 간헐적으로 도움이 필요한 사람
10. 양극성 정동장애(조울병)로 기분, 의욕, 행동 및 사고장애 등의 증상기가 지속되거나 자주 반복되는 경우로서, 기능 및 능력장애로 인하여 능력장애 판정기준의 6항목 중 3항목 이상에서 간헐적으로 도움이 필요한 사람
11. 재발성 우울장애로 기분, 의욕, 행동 등에 대한 우울증상이 있는 증상기가 지속되거나 자주 반복되는 경우로서, 기능 및 능력장애로 인하여 능력장애 판정기준의 6항목 중 3항목 이상에서 간헐적으로 도움이 필요한 사람

	12. 조현정동장애로 장애의 정도가 심한 장애인 9호 내지 11호에 준하는 증상이 있는 사람
장애의 정도가 심하지 않은 장애	1. 조현병 또는 뇌의 신경학적 손상으로 인한 기질성 정신장애로 망상, 환청, 사고장애, 기괴한 행동 등의 양성증상 또는 사회적 위축 등의 음성증상이 지속되어 기능 및 능력장애로 인하여 능력장애 측정기준 6항목 중 3항목 이상에서 경미한 도움이 필요한 사람 2. 양극성 정동장애(조울증)에 따른 기분 · 의욕 · 행동 및 사고의 장애 등의 증상기가 심하지는 않으나 지속되거나 자주 반복되어 기능 및 능력장애로 인하여 능력장애 측정기준 6항목 중 3항목 이상에서 경미한 도움이 필요한 사람 3. 재발성 우울장애로 기분 · 의욕 · 행동 등에 대한 우울 증상기가 심하지는 않으나 지속되거나 자주 반복되는 경우로서 기능 및 능력장애로 인하여 능력장애 측정기준 항목 중 3항목 이상에서 경미한 도움이 필요한 사람 4. 조현정동장애로 장애의 정도가 심하지 않은 장애인의 1호 내지 3호에 준하는 증상이 있는 사람 5. 지속적인 치료에도 호전되지 않는 강박장애, 투렛장애(Tourette's disorder) 및 기면증에 따른 기분 · 의욕 · 행동 및 사고장애의 증상이 심하여, 일상생활이나 사회생활에 상당한 제한이 있는 경우로서 기능 및 능력장애로 인하여 능력장애 측정기준 6항목 중 3항목 이상에서 수시로 도움이 필요한 사람

출처: 장애인복지법(2022).

3) 의학적 정의

정신보건 영역에서는 미국정신의학회(APA)의 DSM-5와 세계보건기구(WHO)의 ICD-10에서 사용되고 있다.

2. 출현율 및 원인

1) 출현율

일반적으로 전체 인구 대비 장애인구의 비율을 의미하는 장애출현율(disability prevalence)을 추정할 때에는 사회정책에서의 객관적이고 행정적인 장애정의가 아닌 자기평가식(self-assessed)의 주관적 장애정의를 사용한다(OECD, 2010; WHO, 2011).

(1) 장애 출현율

정서 · 행동장애에 대한 해석과 기준에 따라 대표적으로 법적 정의에 근거한 출현율, 특수교육 정의에 근거한 출현율, 정신보건 정의에 근거한 출현율이 있다. 미국 학령기 아동에서 정신보건 정의에 근거한 정서 · 행동장애 출현율은 5~7%로 보고되고 있다(U.S Department of Education, 2007). 우리나라의 경우 학령기 아동에서 정신 보건 정의에 근거한 정서 · 행동장애 출현율은 2.7%로 보고되고 있다(김춘진, 2009).

(2) 특수교육대상자 출현율

특수교육통계(교육부, 2022)에 따르면, 전체 특수교육대상자 103,695명 중 정서 · 행동장애 아동은 1,865명으로 1.8%의 비율을 차지하고 있다. 연도별 장애영역별 학생 현황에 따르면, 전체 특수교육대상자에서 정서 · 행동장애 아동이 차지하는 비율이 2018년 2.4%, 2019년 2.3%, 2020년 2.1%, 2021년 1.9%, 2022년 1.8%로 지난 4년간 0.6%가 감소되었다. 장애영역별 특수학교 현황을 살펴보면, 총 전국 192개의 특수학교 중 정서 · 행동장애 특수학교가 7개로 3.6%의 비율을 차지하고 있다.

2) 구조, 기능 및 원인

(1) 원인

① 발달 단계에서의 원인

정서 · 행동장애의 경우 생애 초기 영아와 애착 대상 사이에 형성되는 친밀한 정서적 유대감이 적절하게 보상되지 않는 경우 불안정 애착이 형성될 수 있다. Ainsworth(1970)의 애착 이론(attachment theory)에 따르면, 불안정 애착은 회피애착, 저항애착, 혼란애착으로 구분되며, 초기 애착의 발달은 이후 또래 관계 형성에 영향을 미친다. 안정 애착을 형성한 아동은 부모에 대한 신뢰를 바탕으로 다른 사람과의 관계에서 그 영향을 미친다. 불안정 애착은 이후 학교에서의 불순종, 또래로부터의 고립, 정서 · 행동문제, 우울증, 품행 문제와 연관될 위험성이 높다.

② 주요 질병 원인

정서 · 행동장애의 생리적 관점은 잠재되어 있던 생물학적 요인으로 활성화되었다고 가정하는 원인이다. 정서 · 행동적 특징으로 과잉행동, 우울, 공격성 등의 장애는 유전요인, 뇌기능장애, 뇌구조 문제, 식품 첨가물, 생화학적 불균형 등으로 인해 초래된다고 주장한다.

• 주의력결핍 과잉행동장애

주의력결핍 과잉행동장애(Attention Deficit Hyperactivity Disorder: ADHD)는 주의산만, 과잉행동, 충동성을 주 증상으로 하는 아동 · 청소년기에 가장 흔한 정서 · 행동장애 중의 하나이며, 성공적으로 치료가 가능한 질환이다. ADHD는 아동 · 청소년기의 정상 발달을 방해하고 모든 연령에서 많은 기능의 장애를 초래하기 때문에 치료가 되지 않은 경우에 사회적으로 많은 비용을 유발시킨다(이정섭, 옥선명, 2008).

• 우울장애

우울장애(depressive disorder)는 나타나는 우울 증상의 양상에 따라 주요 우울장애(major depressive disorder), 감정부전장애(dysthymic disorder) 그리고 기타 우울장애(depressive disorder not otherwise specified)로 분류된다. 우울장애는 흔히 발병하는 질환으로서 범세계적인 평생 유병률은 약 15% 정도의 발병률로 나타나며(Keller et al., 1984), 여성이 남성보다 50% 정도까지 높게 나타날 수 있다(WHO Mental Health Surveys, 2008). WHO(2010)의 세계 질병부담연구(Global Burden of Disease, 2010)는 10대 주요 질환 중 우울증을 3위로 보고하였고, 2030년 1위가 될 것으로 전망하고 있다. 우리나라는 다양한 정신사회적 요인으로 인한 우울증 환자 수가 증가하는 추세이며, 2021년 기준 평생유병률은 1.7% 정도로 파악된다(보건복지부, 2021).

• 섭식장애

섭식장애(eating disorder)에는 자기파괴적인 비정상적 섭식행동과 신체에 대한 왜곡된 지각을 특징으로 하는 일련의 스펙트럼상의 질환들인 신경성 식욕부진증(anorexia nervosa), 신경성 폭식증(bulimia nervosa), 대식증(binge eating disorder), 달리 분류되지 않은 섭식장애(eating disorder not otherwise specified) 등을 포함한다(APA, 2013). 우리나라 정상체중 청소년의 32%가 체중 감량을 하고 있으며(Lee, Kwon, Jeong, 2017), 이들 중 무모한 금식, 구토 혹은 설사제 남용 같은 병적 체중 감량 행동을 한다(질병관리예방본부, 2013). 잘못된 사회인식의 영향으로 형성된 왜곡된 신체상으로 인한 무분별한 체중 감량은 섭식장애의 원인이다. 저체중을 특징으로 하는 신경성 식욕부진증(anorexia nervosa)은 모든 정신질환 중 사망률이 가장 높으며, 젊은 성인의 경우, 치사율(fatality rate)이 연 1.92~5.86%로서(Fichter & Quadflieg, 2016) 동일 연령대의 14배다(Hoang et al., 2014). 우리나라 청소년들의 경우 비만율은 OECD 최저임에도(WHO, 2015), 병적 섭식행동 등의 체중 감량행동이 광범위하게 만연해 있다.

• 틱 장애

틱 장애(tic disorder)는 얼굴이나 목, 어깨, 몸통 등의 신체 일부분을 아주 빠르게 반복적으로 움직이거나 비정규적인 소리를 내는 것을 말한다. 운동 중심 증상인 운동 틱(motor tic), 음성 중심 증상인 음성 틱(vocal tic)이 있다. 두 가지의 틱 증상이 모두 나타나면서 전체 유병 기간이 1년을 넘는 것을 투렛 증후군(tourette's disorder)이라고 한다(APA, 2013).

3. 판정 및 분류

1) 판정

(1) 판정 기준

「2022년 장애등록심사 관련 법령 및 규정집」(보건복지부, 2022)에 따른 정신장애 판정기준은 다음과 같다.

가. 장애진단기관 및 전문의

(1) 장애진단 직전 1년 이상 지속적으로 진료한 의료기관의 정신건강의학과 전문의
 -지속적으로 진료받았다 함은 3개월 이상 약물치료가 중단되지 않았음을 의미한다.

(2) (1)에 해당하는 전문의가 없는 경우 장애진단 직전 3개월 이상 지속적으로 진료한 의료기관의 정신건강의학과 전문의가 진단할 수 있으나 장애진단 직전 각 질

환에 대하여 1년 또는 2년 이상의 정신건강의학과 진료기록 등을 확인하여야 한다.

나. 진료기록 등의 확인

장애진단을 하는 전문의는 장애진단 직전 1년 또는 2년 이상 지속적으로 치료를 받은 환자로서 진단 시에도 적절한 치료중임에도 불구하고 장애가 고착되었음을 진단서, 소견서, 진료기록 등으로 확인하여야 한다(필요시 환자에게 타 병원 진료기록 등을 제출하게 한다).

다. 장애진단 및 재판정 시기

(1) 각 질환에 대하여 1년 또는 2년 이상의 성실하고, 지속적인 치료 후에 호전의 기미가 거의 없을 정도로 장애가 고착되었을 때에 장애를 진단한다.

(2) 뇌의 신경학적 손상으로 인한 기질성 정신장애, 강박장애, 기면증, 투렛장애(tourette's disorder)는 2년 이상의 성실하고 지속적인 치료에도 불구하고 치료 불응성으로 호전의 기미가 거의 없을 정도로 장애가 고착되었을 때 장애를 진단하며, 투렛장애는 만 20세 이상부터 장애를 진단할 수 있다.

(3) 최초 판정일로부터 2년 이후의 일정한 시기를 정하여 재판정을 하여야 하며, 재판정 시에 장애상태의 현저한 변화가 예측되는 경우에는 다시 재판정일로부터 2년 이후의 일정한 시기를 정하여 재판정을 하여야 한다. 다만, 재판정 당시 장애의 중증도나 연령 등을 고려할 때에 장애상태가 거의 변화하지 않을 것으로 예측되는 경우에는 재판정을 제외할 수 있다.

라. 판정 개요

정신장애의 장애정도 판정은 (1) 현재 치료 중인 상태를 확인, (2) 정신질환의 진단명 및 최초 진단시기에 대한 확인, (3) 정신질환의 상태(impairment)의 확인, (4) 정신질환으로 인한 정신적 능력장애(disability) 상태의 확인, (5) 정신장애 정도의 종합적인 판정의 순서를 따라 한다.

(1) 현재 치료중인 상태를 확인

현재 약물복용 등 치료중인 상태에서 정신장애 판정을 하여야 한다.

(2) 정신질환의 진단명 및 최초 진단 시기에 대한 확인

우리나라에서 공식적인 정신질환 분류체계로 사용하고 있는 제10차 국제질병사인 분류(International Classification of Diseases, 10th Version)의 진단지침에 따라 ICD-10의 F20 조현병, F25 조현정동장애(調絃情動障碍), F31 양극성 정동장애 및 F33 재발성 우울장애, F028 · F06(단, F067 제외) · F07(단, F072 제외) 뇌의 신경학적 손상으로 인한 기질성 정신장애, F42 강박장애, F952 투렛장애, G474 기면증으로 진단된 경우에 정신장애 판정을 할 수 있다.

(3) 정신질환의 상태의 확인

정신질환의 상태에 대한 확인은 진단된 정신질환의 상태가 정신장애 정도판정기준에 따라 임상적 진단평가과정을 통하여 판단한 뒤 정도를 정한다.

(4) 정신질환으로 인한 정신적 능력장애 상태의 확인

(가) 정신질환으로 인한 능력장애에 대한 확인은 정신장애인에 대한 임상적 진단평가와 보호자 및 주위 사람으로부터의 정보, 정신보건의료서비스를 제공하고 있는 치료자의 의견, 학업이나 직업활동상황 등 일상환경에서의 적응상태 등을 감안하여 장애정도 판정을 내린다.

(나) '능력장애의 상태'는 정신질환에 의한 일상생활 혹은 사회생활의 지장의 정도 및 주위의 도움(간호, 지도) 정도에 대해 판단하는 것으로서 장애의 정도를 판단하기 위한 지표로서 이용된다.

(5) 정신장애 정도의 종합적인 판정

(가) 정신질환의 상태와 능력장애의 상태에 대한 판정을 종합하여 최종 장애정도 판정을 내린다. 다만, 정신질환의 상태와 능력장애의 상태에 따른 정도에 차이가 있을 경우 능력장애의 상태를 우선적으로 고려한다.

(2) 판정 방법

정서 · 행동장애 검사에는 객관적 검사, 투사적 검사가 있다.

① 객관적 검사

객관적 검사는 정신건강의학과 전문의 정신질환 진단 및 평가 검사(diagnostic classification and rating scales), 관찰자 평가(observation assessment)

그리고 신경인지 기능검사(Neurocognitive function Test: NT), 생체신호 검사(biosignal assessment) 등이 있다.

• 관찰자 평가

관찰자 평가는 관찰자가 피검사자와 상호작용 없이 피검사자의 행동을 관찰하는 방법, 피검사자의 보호자나 교사 같은 주변인으로부터 정보를 제공받는 방법, 관찰자가 직접 면접하는 방법이 있다. 대표적으로 ADHD로 인한 문제행동을 평가하는 코너스 부모용 평가(Conners'Parent Rating Scale : CPRS)와 코너스 교사용 평가(Conners'Teacher Rating Scale: CTRS), 아동 및 청소년의 사회 적응 및 정서행동 문제를 평가하는 아동 행동 평가척도(Child Behavior Checklist: CBCL)가 있다.

• 신경인지 기능검사

신경인지 기능검사는 주의력, 기억력, 실행기능, 운동기능 등 신경인지 기능을 객관적이면서 정량적으로 평가하는 검사이다. 기존 지필형 검사보다 반응시간의 정확한 기록이 가능하며 채점 체계를 자동화한 전산화 신경인지 기능검사(Computerized Neurocognitive function Test: CNT, 박종익, 이현정, & 고효정, 2004)는 학습장애, ADHD, 행동장애, 기분장애 영역에서 신경인지 기능의 정도와 문제 영역을 파악하는 데 사용된다.

• 생체신호 검사

생체신호는 살아 있는 세포의 활동에서 발생하는 생물학적 신호로서 주로 전기 및 자기신호를 말한다(Kaniusas, 2012). 생체신호 검사는 호흡, 근육, 심혈관 기능, 자율신경의 활성도, 체온 등 신체 내외부 환경 변화에 따라 역동적으로 변화하는 생물학적 상태를 측정한다. 생체신호의 종류는 심전도(electrocardiogram: ECG), 뇌전도(electroencephalogram: EEG), 근전도(electromyogram: EMG), 피부전도도(galvanic skin response: GSR), 맥파(photoplethysmography: PPG) 등이 있다.

② 투사적 검사

투사적 검사(projective test)는 검사 자극이 모호할수록 인지적으로 해석하는 과정에 개인의 욕구, 갈등, 성격 같은 심리적 특성의 영향이 강하게 포함된다는 전제하에서, 비구조적인 검사 과제를 통해 개인의 독특성과 무의식을 이끌어 내려는 목적이 있다. 대표적으로 집-나무-사람 검사(House-Tree-Person Test), 빗속의 사람 그림(Person in the Rain) 검사가 있다.

2) 분류

정서 · 행동장애는 질적 분류(qualitative classification), 양적 분류(quantitative classification), 행동 유형에 따라 분류된다. 질적 분류체계의 경우 정신보건 전문가의 임상 관찰에 따른 APA의 분류를 따르지만, 양적 분류체계의 경우 정서 · 행동장애 특징적 행동 양상에 따라 분류된다. 구체적인 분류체계는 다음과 같다.

(1) 질적 분류

ICD-10과 DSM-5 분류체계의 구성은 〈표 6-3〉과 같다.

〈표 6-3〉 ICD-10과 DSM-5

ICD-10(WHO, 1990)	DSM-5(APA, 2013)	
과잉운동장애, 품행장애, 혼합형 품행 · 정서장애, 아동기 발병형 정서장애, 아동기 · 청소년기 발병형 사회성 기능장애, 틱 장애, 기타 정서 및 행동장애	주의력결핍 및 과잉행동장애	주의력결핍과잉행동장애, 품행장애, 적대적 반항성장애
	기타 장애	틱장애, 분리불안장애, 선택적 함구증 반응성 애착장애, 상동형 운동장애
	정신분열증과 기타 정신증적 장애	조현병, 정신증후 우울성. 장애, 조현정동장애, 망상장애
	기분장애	우울장애(주요우울장애, 기분부전장애), 양극성장애
	불안장애	범불안장애, 강박장애, 공황장애, 공포증(특정공포증, 광장공포증, 사회공포증), 외상후스트레스장애

(2) 양적 분류

「특수교육법」(2017)과 DSM-5 분류체계의 구성은 〈표 6-4〉와 같다.

〈표 6-4〉「특수교육법」 분류와 DSM-5 분류 비교

특수교육법(2007)	DSM-5(APA, 2013)
지적, 감각적, 건강상의 이유로 설명할 수 없는 학습상의 어려움	조현병, 분열성장애, 이인증(자아의식장애), 둔주, 해리성 정체성장애, 분열정동장애
또래나 교사와의 대인관계에 어려움이 있어 학습에 어려움	조현병, 분열적 인격장애, 주요 정동장애, 해리성 정체성장애(다중성격장애), 불안장애-공포증, 아동 청소년 불안장애-회피장애
일반적인 상황에서 부적절한 감정을 나타내어 학습에 어려움	조현병, 반응성 애착장애, 분열성 인격장애, 분열정동장애, 주요 정동장애, 편집장애(망상장애)
전반적 불행감이나 우울증을 나타내어 학습에 어려움	주요우울장애, 우울 기분의 정신 · 신체장애
학교나 개인 문제에 관련된 신체적 통증이나 공포를 나타내어 학습에 어려움	아동 청소년 불안장애, 정신 신체 장애(틱 장애, 외상후스트레스장애), 섭식장애, ADHD

세계보건기구(WHO)는 2018년 국제질병분류(ICD) 최신판인 ICD-11을 공개했다. ICD-11의 정식 버전은 2019년 세계보건총회에서 소개되었으며, 이후 2022년 1월부터 그 효력이 발생한다. 게임 장애가 ICD-11에 추가됨에 따라 앞으로 정식 질병으로 취급받게 된다. 우리나라의 경우 2020년에는 국내에서 쓰는 한국표준질병사인분류(KCD)에 ICD-11을 적용할 계획이 없다는 통계청 발표에 따라, 2025년까지 게임 장애가 포함된 ICD-11이 적용되지 않는다.

〈표 6-5〉 **정서 · 행동장애의 유형과 특징**

하위 유형	특징
행위 장애	• 또래에게 인기가 없고, 또래 아동들을 죄책감 없이 고의적으로 괴롭힌다. 이런 아동들이 나타내는 사회화되지 않은 공격적 행동은 신체적 또는 언어적 공격성으로 특징지어진다. 이 장애는 어린 나이에도 나타나고, 사회화된 공격성보다 더 흔하다.
사회화된 공격성	• 또래들에게 인기가 있고, 비행 하위문화의 규준과 규칙을 준수한다. 사회화된 공격 행동은 아동기나 청년기 이후에 더 빈번하게 발생한다. • 이 범주의 특정 행동 증상들은 또래 집단 상황에서 발생하는 비행 활동들을 포함된다.
주의력결함/미성숙	• 주의력결함 아동들은 인지적 혹은 통합 문제이며, 충동통제와 좌절, 사고 과정에서 문제를 경험한다.
불안/위축	• 전형적으로 자기 의식적이고 과잉 반응을 보이고, 종종 사회 기술에 결함을 가진 것으로 특징지어진다. 또한 아동들은 환상에 빠져들고, 사회적으로 고립되며, 우울과 공포를 느끼고, 정상활동 참여를 잘하지 못하며, 신체적 고통을 호소한다.
정신증적 행동	• 자신과 현실에 대한 태도가 전반적으로 손상되어 있다. 손상은 일상생활을 방해하고, 관찰자가 이해할 수 없을 정도로 심각하다.
과잉행동	• 전형적으로 불안정하고 예측할 수 없고, 주의가 산만하고 충동적이며, 성급하고 파괴적인 행동으로 나타난다.

출처: Totton (2015).

(3) 행동적 분류

아동 · 청소년의 정신병리는 범주적인 접근의 진단체계로 이해되어 왔고 (Haltigan et al., 2018; James & Taylor, 2008), 주로 내면화(internalizing) 및 외면화(externalizing) 문제의 2차원 구조로 개념화된다(Deutz et al., 2020).

〈표 6-6〉 **정서 · 행동장애의 행동적 분류 유형**

분류	유형	장애종류	특징
정서장애	내면화	불안장애	부끄러움, 위축, 열등감, 슬픈, 우울한, 성마른, 냉담한
		우울장애	
		양극성 장애	
행동장애	외면화	과잉행동장애	끈기와 집중 부족, 성급한, 분노, 충동적, 주의산만
		품행장애	
		적대적반항장애	

4. 특성

1) 인지적 특성

일반적으로 정서 · 행동장애 아동의 지능은 비장애 아동에 비해 낮은 편이다. 특히, 학교생활에서 부적절한 행동, 사회적 기술이 결핍되어 또래집단 또는 교사 대립과 갈등이 발생하여 고립될 수 있어 학교에 대하여 부정적으로 인식할 수 있다. 때문에 학업에 대한 흥미와 동기부여가 떨어지고 학업 성취력 또한 낮다.

2) 신체적 특성

아동의 경우, 우울은 생활 스트레스와 특히 상관관계가 높다(Nolen-Hoeksema, Girgus, & Seligman, 1992). 아동기는 왜곡된 지각이나 귀인을 동반하는 우울이 나타나는 시기로, 유아기와 달리 이러한 부정적 정서가 어느 정도 안정된다. 우울이 지속될 경우, 학교 생활이나 또래 관계에 어려움을 겪는 등 발달상의 과업 성취에 문제가 생길 가능성이 있으며, 무단결석, 가출, 비행 행동으로 나타나기도 한다(Avenevoli & Merikangas, 2006; Horowitz & Garber, 2006). 그리고 아동기의 우울은 아동기와 청소년기의 형성과정에서 잠시 나타났다가 사라지는 것이 아니라 성인기의 우울장애를 예측한다는 결과가 있다(Newman et al., 1996).

3) 심리 · 정서적 특성

정서 · 행동장애 아동은 매우 다양한 심리 · 정서적 특성이 있어 일반화하기 어렵다. 우리나라에서는 학생들의 우울, 자살, 불안 , ADHD 등 정서 · 행동 문제에 대한 사전예방, 조기발견 및 치료 지원을 위해 학생 정서 · 행동 특성 검사를 실시한다. 검사결과 심각성 정도에 따라 일반관리, 우선관리, 자살위험 등 3단계로 구분하여 모니터링을 통해 아동 청소년 자살문제를 심각한 사회문제로 인식하고 있다.

자살은 행위자가 자신의 죽음을 초래할 의도를 가지고 자신의 생명을 끊는 행위다. 최근의 정의에서는 조금 더 광범위한 정의로 자살에 대한 확고한 의도뿐만 아니라 치명성의 정도까지 포함된다. 자살은 자살 생각(suicidal ideation), 자살 시도(attempted suicide), 자살 행위(suicide behavior)로 이어지는 포괄적인 개념이다. 2019년 사망원인 통계에 따르면 우리나라 자살률(10만 명당 자살 사망자)은 26.9명이며 2020년 자살률은 OECD 국가 중 1위를 기록하였다(OECD, 2021). 2021년 청소년 통계(통계청, 2021)의 청소년 주요사망원인 통계에 따르면, 10대의 주요 사망원인 1위는 자살이다.

4) 사회적 특성

장애에 대한 분류는 장애 특성의 차이로 인해 개인에게 불필요한 낙인을 찍는 위험도 있지만, 재활적 중재를 위해서는 필수적이며 장애의 본질과 원인, 과정, 중재 등과 긴밀한 관련성이 있다(Brigham et al., 2011). 정서 · 행동장애 아동은 '시간이 지나면 또는 크면 괜찮아지겠지.'라는 생각에 특수교육대상자 신청을 하지 않는 경우가 있다. 그러나 특수교육대상자라는 부정적 인식, 장애인이라는 낙인이 찍히는 것에 대한 부정적인 인식으로 특수교육을 신청하지 않는 것은 치료의 골든타임을 놓치는 원인이 될 수 있다.

5. 미술심리재활

1) 기본원리

미술치료는 정서 · 행동장애 영역에서 언어적 이미지와 시각적 이미지를 통하여 내담자의 자아상과 세계관을 재발견하여 자기실현을 촉진한다(Choi et al., 2020). 미술치료는 ADHD 아동의 주의집중과 충동성 등의 문제행동에 대한 자기 통제력을 높이고 전반적인 문제행동 감소에 효과적이다(Munley, 2002; Safran, 2003). 미술치료는 정서 · 행동장애 아동의 부주의 행동을 감소시키고, 자존감을 향상하는 데 기여한다(Malchiodi, 2011). 미술치료에서는 창작 활동을 통해 의식적으로 접근할 수 없는 마음의 측면을 가상의 공간에서 자유롭게 표출함으로써 문제에 대한 통찰을 제공하는 기능을 수행한다. 약물치료는 정서 · 행동장애 치료에서 효과가 있고 예후 또한 좋다. 아동 청소년 정서 · 행동장애 정신치료에서는 부작용의 위험과 이득의 비율(risk-benefit ratio)이 신중히 고려되어 약물치료가 선택된다(Grover, & Avasthi, 2019). 반면, 미술치료는 화학적, 물리적 치료가 아니라는 점에서 부작용에 대한 부담이 극히 적고 미술치료로 인한 심각한 이상반응이 보고된 바 없는 안전한 치료방식이다(최한, 김태은, 정여주, 2019; Uttley et al., 2015).

2) 목표 및 기대효과

정서 · 행동장애 아동을 위한 미술치료 목표 및 기대효과는 다음과 같다. 첫째, 아동의 생각이나 감정을 미술을 통해 형상화함으로써 자신과 자신의 심리적 문제에 직면할 기회를 제공하고, 자신이 인식하지 못했던 생각이나 느낌은 창조된 결과물을 통해 드러난다(Killick, 1997). 둘째, 기타 심리치료 요법과 비교하여 미술치료는 이미지를 사용하여 품행장애(conduct disorder) 아동, 청소년들의 무의식 속의 방어 상태를 완화한다(Bennink, Gussak, & Skowran, 2003). 미술치료는 다양한 연령대의 인구집단을 대상으로 집단 또는 개인 형태로 제공될 수 있는 탄력적인 치료방식이다(Waller & Gilroy, 1992). 셋째, 내담자가 만든 미술작품은 구체적인 자료를 통해서 형성된다. 미술작품은 영속성을 지녀 아동이 제작한 작품을 재검토해 볼 수 있다(Zubala, MacIntyre, & Karkou, 2014). 미술작품은 새로운 통찰을 촉진하고, 내담자 자신이 이전에 만든 작품을 다시 보면서 자신의 감정을 회상할 수 있다. 또한, 미술작품은 주관적인 기억의 왜곡을 방지할 수 있다. 넷째, 육성 언어와 비교하면 미술 표현은 공간적이기에 인물들, 상황, 장소 간의 관계특성이 한 공간에 표현될 수 있다. 다섯째, 미술치료는 참여자들이 감각 운동의 즐거움과 성취감을 느낄 수 있도록 창조적 에너지를 발산시키는 역할을 한다(Wadeson, 2010). 여섯째, 미술치료에서 미술 활동은 기분의 이완과 스트레스가 완화될 수 있다. 반복적인 미술 표현, 부드러운 미술 매체는 과잉 자극과 지속적인 스트레스에 노출된 틱 장애, 뚜렛장애(tourett's disorder) 아동(Biscuiti, 2018; Choi et al., 2021)과 외상후 스트레스 장애(Post-Traumatic Stress Disorder: PTSD) 청소년(Lyshak-Stelzer, 2007)에게 효율적인 이완을 촉진한다.

참고문헌

교육부(2022). 2022 특수교육통계.

김춘진(2009. 8. 24). 초중고생 13% 정신건강 적신호. http://www.cjkorea.org에서 인출.

박종익, 이현정, 고효정(2004). 전산화 신경인지기능검사(Seoul Computerized Neurocognitive Function Test)를 이용한 해독된 알코올 환자의 신경심리기능. **신경정신의학**, 43(5), 570-576.

연합뉴스(2009. 8. 23.). 초중고생 13% 정신건강 적신호.

이정섭, 옥선명(2008). 주의력결핍 과잉행동장애의 진단과 치료. **가정의학회지**, 29(1), 1-12.

조수철, 이영식(1990). 한국형 소아우울척도의 개발. **신경정신의학**, 29, 943-956.

질병관리본부(2012). 제7차(2011년) 청소년건강행태온라인조사 통계.

최한, 김태은, 정여주(2019). 미술치료의 신의료기술평가를 위한 제반사항 및 단계별 전략. **미술치료연구**, 26(6), 1009-1025.

Ainsworth, M., & Bell, S. (1970). Attachment, Exploration, and Separation: Illustrated by the Behavior of One-Year-Olds in a Strange Situation. *Child Development*, *41*, 49-67.

American Psychiatric Association. (2013). *Diagnostic and statistical manual of mental disorders* (5th ed.). https://doi-org.ezproxy.frederick.edu/10.1176/appi.books.9780890425596

Arcelus, J., Mitchell, A. J., Wales, J., & Nielsen, S. (2011). Mortality rates in patients with anorexia nervosa and other eating disorders: a meta-analysis of 36 studies. *Archives of general psychiatry, 68*(7), 724-731.

Bennink, J., Gussak, D. E., & Skowran, M. (2003). The role of the art therapist in a Juvenile Justice Setting. *The Arts in Psychotherapy, 30*(3), 163-173.

Biscuiti, M. (2018). Art Therapy and Tourette Syndrome: Utilizing Guided Imagery and Chakra Exploration. In *Art and Expressive Therapies Within the Medical Model*. London: Routledge.

Brigham, F. J., Scruggs, T. E., & Mastropieri, M. A. (2011). Science education and students with learning disabilities. Learning Disabilities Research & Practice, 26(4), 223-232. *Child and Adolescent Psychiatry, 25*, 431-442.

Choi, H., Moon, J., Lee, D. Y., & Hahm, S. C. (2021). Art as relaxation for tic disorders: a pilot randomised control study. *Arts & Health*, 1-15.

Choi, H., Jung, D. J., Jeon, Y. H., & Kim, M. J. (2020). The effects of combining art psychotherapy with pharmacotherapy in treating major depressive disorder: Randomized control study. *The Arts in Psychotherapy, 70*, 101689.

Deutz, M. H., Geeraerts, S. B., van Baar, A. L., Deković, M., & Prinzie, P. (2016). The Dysregulation Profile in middle childhood and adolescence across reporters: factor structure, measurement invariance, and links with self-harm and suicidal ideation. *European child & adolescent psychiatry, 25*(4), 431-442.

Grover, S., & Avasthi, A. (2019). Clinical practice guidelines for the management of depression in children and adolescents. *Indian journal of psychiatry, 61*(Suppl 2), 226.

Haltigan, J. D., Aitken, M., Skilling, T., Henderson, J., Hawke, L., Battaglia, M., & Andrade, B. F. (2018). “P” and “DP”: Examining symptom-level bifactor models of psychopathology and dysregulation in clinically referred children and adolescents. *Journal of the American Academy Child and Adolescent Psychiatry, 57*, 384-396.

Kaniusas, E. (2012). Fundamentals of biosignals. *Biomedical signals and sensors I*.

Berlin, Heidelberg: Springer.

Killick, K. (1996). Unintegration and containment in acute psychosis. *British Journal of Psychotherapy*, *13*(2), 232-242.

Kimmell, A., & Gockel, A. (2018). Embodied connections: Engaging the body in group work. *Qualitative Social Work*, *17*(2), 268-285.

Kovacs M. (1985). The Children's Depression, Inventory (CDI). *Psychopharmacology bulletin*, *21*(4), 995-998.

Lee, D.-W., Kwon, I.-S., & Jeong, E. (2017). Development and Effects of a Child Health Management Program Based on Cooperative Learning for Mothers of Preschool Children. *Child Health Nursing Research, 23*(1), 48-60.

Lyshak-Stelzer, F., Singer, P., Patricia, S. J., & Chemtob, C. M. (2007). Art therapy for adolescents with posttraumatic stress disorder symptoms: A pilot study. *Art Therapy*, *24*(4), 163-169.

James, L. M., & Taylor, J. (2008). Revisiting the structure of mental disorders: Borderline personality disorder and the internalizing/externalizing spectra. *British Journal of Clinical Psychology*, *47*, 361-380.

McClelland, S. (1992) 'Brief art therapy in acute states', in D. Waller and A. Gilroy (eds), *Art Therapy: A Handbook*. Buckingham: Open University Press.

Newman, D. L., Moffitt, T. E., Caspi, A., Magdol, L., Silva, P. A., & Stanton, W. R. (1996). Psychiatric disorder in a birth cohort of young adults: prevalence, comorbidity, clinical significance, and new case incidence from ages 11 to 21. *Journal of consulting and clinical psychology*, *64*(3), 552.

Nolen-Hoeksema, S., Girgus, J. S., & Seligman, M. E. (1992). Predictors and consequences of childhood depressive symptoms: a 5-year longitudinal study. *Journal of abnormal psychology*, *101*(3), 405.

Munley, M. (2002). Comparing the PPAT drawings of boys with AD/HD and age-matched controls using the Formal Elements Art Therapy Scale. *Art Therapy*, *19*(2), 69-76.

Safran, D. S. (2003). An art therapy approach to attention-deficit/hyperactivity disorder. *Handbook of art therapy*, 181-192.

Totton, C. (2015). Guidelins for psycho-educational assessment of emotional disturbance in children and adolescents.

U.S. Department of Ecucation (2007). *Individuals with Disabilities Education Act(IDEA) data(Table 1-3)*. Washington DC: Autor

Uttley, L., Scope, A., Stevenson, M., Rawdin, A., Buck, E. T., Sutton, A., & Wood, C. (2015). Systematic review and economic modelling of the clinical effectiveness and cost-effectiveness of art therapy among people with non-psychotic mental health disorders. *Health Technology Assessment*, *19*(18).

Wadeson, H. (2010) *Art Psychotherapy*(2nd ed). New York: Wiley.

Zubala, A., MacIntyre, D. J., & Karkou, V. (2014). Art psychotherapy practice with adults who suffer from depression in the UK: Qualitative findings from a depression-specific questionnaire. *The Arts in Psychotherapy*, *41*(5), 563-569.

제7장

자폐스펙트럼장애(정유진)

●세계 자폐증 인식의 날●

국제 연합(UN)은 4월 첫째 주 금요일 자폐에 대한 사회적 인식을 높이기 위한 목적으로 『세계 자폐증 인식의 날』(World Austism Awarness Day)를 지정

World Autism Awareness Day

1911년 스위스 정신과 의사인 Eugene Bleuler는 일부 정신분열증 환자들에게서 보이는 자기중심적 사고를 설명하기 위해 '자폐증'(Autism, 그리스어로 자아를 뜻하는 Autos에서 유래됨)이라는 용어를 최초로 사용하였다(Gillberg et al., 2006). 1943년, 존스홉킨스 대학교의 Leo Kanner는 「정서적 접촉의 자폐적 장애(Autistic Disturbances of Affective Contact)」라는 학술보고를 통해 11명 아동의 자폐증 사례를 보고하면서, 자폐적 고독, 의사소통 지연, 동일한 것에 대한 강박적 보존 등을 특징으로 서술하였다(Blacher & Christensen, 2011). 1960~1980년대에는 자폐증의 원인으로 '냉장고 엄마' 이론이 지배적이었는데, 이는 애정 없이 냉정하고 차가운 엄마의 양육태도가 자녀의 자폐증을 야기한다는 것이었다. 비난의 대상이 되었던 자폐아동의 가족들은 냉장고 엄마 이론을 반박하기 시작했으며, 이후 자폐증은 뇌병변에 의한 것으로 정정되었다(반건호, 2016: Langan, 2011).

1. 정의

자폐스펙트럼장애(Autism Spectrum Disorder)는 언어 및 의사소통과 사회적 상호작용에 질적인 장애, 제한적 관심범위와 반복적 상동행동을 주 증상으로 하는 발달성 장애다. DSM-5(APA, 2013/2015)에서는 이전에 사용되었던 자폐성 장애(Autistic Disorder), 아스퍼거 장애, 소아기 붕괴성 장애, 비전형 자폐라는 세부 진단명 대신, 이들을 모두 포함하는 자폐스펙트럼장애라는 용어를 사용한다. 햇빛을 프리즘에 통과시켰을 때 무지개색이 펼쳐지듯이, 자폐스펙트럼장애는 가벼운 장애에서부터 심각한 장애까지 자폐장애의 심각도를 연속선상으로 연결하여, 그 안에 증상과 기능 수준에 따라 다양한 자폐증 환자군이 존재함을 의미한다. 우리나라의 현행 장애등록기준에서는 '자폐성장애' 용어를 사용하는데, 이는 DSM-IV-TR의 Autistic Disorder를 번역한 것이라는 것과 자폐스펙트럼장애의 '스펙트럼' 대신 자폐성장애의 '성(性)'을 포괄적으로 해석한 것으로 분석된다(신석호, 2014).

1) 「특수교육법」의 정의

「특수교육법 시행령」 제10조 [별표]의 특수교육대상자 선정기준에서 자폐성장애를 지닌 특수교육대상자는 "사회적 상호작용과 의사소통에 결함이 있고, 제한적이고 반복적인 관심과 활동을 보임으로써 교육적 성취 및 일상생활 적응에 도움이 필요한 사람"으로 정의한다.

보건복지부의 「장애인복지법」에서는 자폐성장애가 지적장애와 함께 발달장애로 포함된다.

발달지체(또는 발달지연)은 아동이 해당 나이의 정상발달 기대치에 도달하지 못하는 경우를 의미한다. 발달지체와 발달장애는 둘 다 '발달'이라는 용어를 사용하고 있으나 현행법상 구분되어 쓰인다. 발달지체는 교육부의 「특수교육법」에서 명시한 특수교육대상자 범주 중 하나로, 신체, 인지, 의사소통, 사회 · 정서, 적응행동 중 하나 이상의 발달 이 또래에 비하여 현저하게 지체되어 특별한 교육적 조치가 필요한 영아 및 9세 미만의 아동으로 정의된다. 이는 발달장애로 진단하지 않더라도 발달지연이 나타나거나 장애의 위험성이 있는 경우에 해당 영유아에게 적절한 지원을 제공하기 위함이다.

2) 「장애인복지법」의 정의

현행 장애등록기준인 「장애인복지법 시행령」[별표 1]에 제시된 자폐성장애인(自閉性障碍人)은 소아기 자폐증, 비전형적 자폐증에 따른 언어 · 신체표현 · 자기조절 · 사회적응 기능 및 능력의 장애로 인하여 일상생활이나 사회

〈표 7-1〉 장애 정도 기준

장애 정도	장애 상태
장애 정도가 심한 장애인	1. ICD-10의 진단기준에 의한 전반성발달장애(자폐증)로 정상발달의 단계가 나타나지 아니하고 지능지수가 70 이하이며, 기능 및 능력장애로 인하여 GAS척도 점수가 20 이하인 사람 2. ICD-10의 진단기준에 의한 전반성발달장애(자폐증)로 정상발달의 단계가 나타나지 아니하고 지능지수가 70 이하이며, 기능 및 능력장애로 인하여 GAS척도 점수가 21~40인 사람 3. 1호 내지 2호와 동일한 특징을 가지고 있으나 지능지수가 71 이상이며, 기능 및 능력장애로 인하여 GAS척도 점수가 41~50인 사람

출처: 「장애인복지법 시행규칙」.

생활에 상당한 제약을 받아 다른 사람의 도움이 필요한 사람이다. 장애 정도는 「장애인복지법 시행규칙」 [별표 1]의 '장애인의 장애 정도'(제2조 관련)를 따른다(〈표 7-1〉 참조).

3) 의학적 정의

(1) DSM-5의 정의

DSM-5(APA, 2013/2015)에서는 자폐스펙트럼장애를 다양한 사회적 의사소통과 상호 교류의 결핍, 행동, 관심, 활동의 반복적이고 상동적인 양상을 나타내는 신경발달장애로 정의한다. 두 가지 핵심 증상인 사회적 의사소통과 상호작용, 제한적이고 반복적인 행동의 심각도 수준에 따라 3단계로 분류하며, 지적 손상, 언어적 손상의 동반 여부, 긴장증 동반 여부 등에 의해 세분화된다.

〈표 7-2〉 DSM-5의 자폐스펙트럼 장애 진단기준

A. 다양한 분야에 걸쳐 나타나는 사회적 의사소통 및 사회적 상호작용의 지속적인 결함으로 현재 또는 과거력상 다음과 같은 특징으로 나타난다(예시들은 실례이며 증상을 총망라한 것이 아님, 본문을 참조하시오).
   1. 사회적-감정적 상호작용의 결함(예: 비정상적인 사회적 접근과 정상적인 대화의 실패, 흥미나 감정 공유의 감소, 사회적 상호작용의 시작 및 반응의 실패)
   2. 사회적 상호작용을 위한 비언어적인 의사소통 행동의 결함(예: 언어적, 비언어적 의사소통의 불완전한 통합, 비정상적인 눈 맞춤과 몸짓 언어, 몸짓의 이해와 사용의 결함, 얼굴 표정과 비언어적 의사소통의 전반적 결핍)
   3. 관계 발전, 유지 및 관계에 대한 이해의 결함(예: 다양한 사회적 상황에 적합한 적응적 행동의 어려움, 상상 놀이를 공유하거나 친구 사귀기가 어려움, 동료들에 대한 관심 결여)

   현재의 심각도를 명시할 것:

   심각도는 사회적 의사소통 손상과 제한적이고 반복적인 행동 양상에 기초하여 평가한다.

B. 제한적이고 반복적인 행동이나 흥미, 활동이 현재 또는 과거력상 다음 항목들 가운데 적어도 2가지 이상 나타난다(예시들은 실례이며 증상을 총망라한 것이 아님, 본문을 참조하시오).
   1. 상동증적이거나 반복적인 운동성 동작, 물건 사용 또는 말하기(예: 단순 운동 상동증, 장난감 정렬하기 또는 물체 튕기기, 반향어, 특이한 문구 사용)
   2. 동일성에 대한 고집, 일상적인 것에 대한 융통성 없는 집착, 또는 의례적인 언어나 비언어적 행동 양상(예: 작은 변화에 대한 극심한 고통, 변화의 어려움, 완고한 사고방식, 의례적인 인사, 같은 길로만 다니기, 매일 같은 음식 먹기)
   3. 강도나 초점에 있어서 비정상적으로 극도로 제한되고 고정된 흥미(예: 특이한 물체에 대한 강한 애착 또는 집착, 과도하게 국한되거나 고집스러운 흥미)
   4. 감각 정보에 대한 과잉 또는 과소 반응 또는 환경의 감각 영역에 대한 특이한 관심(예: 통증/온도에 대한 명백한 무관심, 특정 소리 혹은 감촉에 대한 부정적 반응, 과도한 냄새 맡기 또는 물체 만지기, 빛이나 움직임에 대한 시각적 매료)

   현재의 심각도를 명시할 것:

   심각도는 사회적 의사소통 손상과 제한적이고 반복적인 행동 양상에 기초하여 평가한다.

C. 증상은 반드시 초기 발달 시기부터 나타나야 한다(그러나 사회적 요구가 개인의 제한된 능력을 넘어서기 전까지는 증상이 완전히 나타나지 않을 수 있고, 나중에는 학습된 전략에 의해 증상이 감춰질 수 있다).

D. 이러한 증상은 사회적, 직업적 또는 다른 중요한 현재의 기능 영역에서 임상적으로 뚜렷한 손상을 초래한다.

E. 이러한 장애는 지적장애(지적발달장애) 또는 전반적 발달지연으로 더 잘 설명되지 않는다. 지적장애와 자폐스펙트럼장애는 자주 동반된다. 자폐스펙트럼장애와 지적장애를 함께 진단하기 위해서는 사회적 의사소통이 전반적인 발달 수준에 기대되는 것보다 저하되어야 한다.

주의점: DSM-IV의 진단기준상 자폐성장애, 아스퍼거장애 또는 달리 분류되지 않는 광범위성 발달장애로 진단된 경우에서는 자폐스펙트럼장애의 진단이 내려져야 한다. 사회적 의사소통에 뚜렷한 결함이 있으나 자폐스펙트럼장애의 다른 진단 항목을 만족하지 않는 경우에는 사회적(실용적) 의사소통장애로 평가해야 한다.

출처: APA (2013/2015).

〈표 7-3〉 **자폐스펙트럼 장애의 심각도 수준**

심각도 수준	사회적 의사소통	제한적이고 반복적인 행동
3단계: 상당히 많은 지원을 필요로 하는 수준	언어적 · 비언어적 사회적 의사소통기술에 심각한 결함이 있고, 이로 인해 심각한 기능상의 손상이 야기된다. 사회적 상호작용을 맺는 데 극도로 제한적이며, 사회적 접근에 대해 최소한의 반응을 보인다. 예를 들어, 이해할 수 있는 말이 극소수의 단어뿐인 사람으로서, 좀처럼 상호작용을 시작하지 않으며, 만일 상호작용을 하더라도 오직 필요를 충족하기 위해 이상한 방식으로 접근을 하며, 매우 직접적인 사회적 접근에만 반응한다.	융통성 없는 행동, 변화에 대처하는 데 극심한 어려움, 다른 제한적이고 반복적인 행동이 모든 분야에서 기능을 하는 데 뚜렷한 방해를 한다. 집중 또는 행동 변화에 극심한 고통과 어려움이 있다.
2단계: 많은 지원을 필요로 하는 수준	언어적 · 비언어적 사회적 의사소통기술에 뚜렷한 결함, 지원을 해도 명백한 사회적 손상이 있으며, 사회적 의사소통의 시각이 제한되어 있고, 사회적 접근에 대해 감소된 혹은 비정상적인 반응을 보인다. 예를 들어, 단순한 문장 정도만 말할 수 있는 사람으로서, 상호작용이 편협한 특정 관심사에만 제한되어 있고, 기이한 비언어적 의사소통이 뚜렷하게 나타난다.	융통성 없는 행동, 변화에 대처하는 데 극심한 어려움, 다른 제한적이고 반복적인 행동이 우연히 관찰한 사람도 알 수 있을 정도로 자주 나타나며, 다양한 분야의 기능을 방해한다. 집중 또는 행동 변화에 고통과 어려움이 있다.

1단계: 지원이 필요한 수준	지원이 없을 때에는 사회적 의사소통의 결함이 분명한 손상을 야기한다. 사회적 상호작용을 시작하는 데 어려움이 있으며, 사회적 접근에 대한 비전형적인 반응이나 성공적이지 않은 반응을 보인다. 사회적 상호작용에 대한 흥미가 감소된 것처럼 보일 수 있다. 예를 들어, 완전한 문장을 말할 수 있는 사람으로서 의사소통에 참여하지만, 다른 사람들과 대화를 주고받는 데에는 실패할 수 있으며, 친구를 만들기 위한 시도는 괴상하고 대개 실패한다.	융통성 없는 행동이 한 가지 또는 그 이상의 분야의 기능을 확연히 방해한다. 활동 전환이 어렵다. 조직력과 계획력의 문제는 독립을 방해한다.

출처: APA (2013/2015).

(2) ICD-10 정의

국제질병분류 제10판(ICD-10)에서는 '전반적 발달장애(Pervasive Developmental Disorder: PDD)' 용어의 하위 항목으로 소아기 자폐증, 비전형자폐증, 레트증후군, 소아기 붕괴성 장애, 정신지체 및 상동운동과 관련된 과잉운동장애, 아스퍼거증후군 등을 포함한다. 더불어 자폐성장애가 생후 첫 3년 이내에 장애가 시작되어야 한다는 연령 기준을 제시하고 있다.

한편, ICD-11(WHO, 2018)은 별도의 세부 진단명으로 나누지 않고, '자폐스펙트럼장애' 용어를 채택한다는 점에서 DSM-5의 서술에 근접하다.

〈표 7-4〉 **ICD-10의 전반적 발달장애 진단기준**

다음 16개 항목 중 적어도 8개를 충족하여야 한다.

A. 사회적 상호교류의 질적인 장애가 다음의 5가지 중 3가지를 만족하여야 한다.
1. 사회적 상호작용을 조절하기 위한 눈 마주치기, 얼굴 표정, 몸 자세를 사용하는 데 현저한 장애
2. 친구 관계 발달의 실패

3. 긴장되거나 고민될 때 위안과 호의를 다른 사람에게서 구하거나 혹은, 다른 사람이 긴장되거나 고민될 때 위안과 호의를 보이는 것이 드묾
4. 타인의 행복에 대해 대신 기뻐하거나 자신의 즐거움을 타인과 자발적으로 나누는 것과 같은 즐거움 공유의 결여
5. 사회적-감정적 상호 교류의 결여

B. 질적인 의사소통의 장애
1. 언어의 발달이 있더라도 사회적 사용이 결여
2. 소꿉놀이나 사회적 모방놀이의 장애
3, 상호 대화를 통한 상호성과 동시성의 부족
4. 언어표현의 유연성 부족과 사고 과정에서 창조성과 상상력의 상대적 결여
5. 상대방의 언어적, 비언어적 표현에 대한 감정적 반응의 결여
6. 의사소통조절을 반영하는 억양의 변화나 강조의 사용 장애
7. 언어적 의사소통의 뜻 전달을 강조하거나 도와주는 몸짓의 결여

C. 제한적이고 반복적이며 상동증적인 행동, 관심, 활동이 적어도 다음의 6항목 중 2항목 이상
1. 상동증적이고 제한적인 양상의 흥미에 지나치게 집착
2. 특이한 대상에 대한 특별한 애착
3. 특이하고 비효율적인 일이나 의식에 명백히 강박적으로 집착
4. 상동적이고 반복적인 동작성 매너리즘
5. 장난감의 부분이나 비기능적 요소에 몰두
6. 환경의 사소하고 비기능적인 부분의 변화에 지나친 고통

진단이 내려지기 위해서 발달의 이상이 생후 첫 3년 이내 있어야 한다.

출처: WHO (1992).

2. 출현율 및 원인

1) 출현율

(1) 장애 출현율

가장 최근에 미국에서 발표된 미국질병관리본부(Centers for Disease Control and prevention: CDC)의 통계자료에 따르면, 2016년 미국의 자폐스펙트럼장애 유병율은 인구 1,000명당 18.5명으로 보고되었으며(MMWR Surveillance Summaries, 2020), 최근 20년간 꾸준히 증가하고 있다. 그 밖에도 캐나다의 경우는 1.2%(Diallo et al., 2018), 이탈리아 1%(Narzisi et al., 2018), 중국 1%의 유병율을 보였다(Sun et al., 2019). 국내의 경우, 2017년도 기준 자폐스펙트럼장애 유병률은 0.03%이며, 2005년 0.01%, 2014년 0.02%와 비교하였을 때 지속적으로 높아지는 추세다(통계청, 2018). 자폐스펙트럼장애는 남아가 여아에 비해 더 높은 유병율을 보이며, 평균 4배가량 높은 것으로 보고되고 있다(Maenner et al., 2020). 보건복지부 2022년 장애통계연보에 따르면 국내 전체 등록장애아동인구 77,961명 중 자폐성장애아동은 17,387명(22.3%)이며, 이는 전체 등록장애아동 중 지적장애(46.3%)에 이어 두 번째로 높은 비율을 차지한다.

(2) 특수교육대상자 출현율

특수교육 실태조사 특수교육통계(교육부, 2022)에 따르면 전체 특수교육대상자 103,695명 중에서 자폐성장애아동은 17,024명으로 전체의 16.4%를 차지하고 있다. 연도별 장애영역별 학생 현황에 따르면 자폐성장애아동의 비율은 2018년부터 2022년까지 지난 4년간 전체 특수교육대상자의 13.4%(12,156명)에서 16.4%(17,024명)로 지속적인 증가 추세를 보인다.

2) 원인

(1) 유전적 요인

자폐스펙트럼장애는 유전적 요인이 가장 중요한 것으로 보고되고 있다(Landrigan, 2010). 일란성쌍둥이를 대상으로 한 연구에서 약 70~90%의 유전성이 있는 것으로 여겨지며, 형제에서의 상대 위험도는 일반 인구의 약 25배인 것으로 추정된다(대한소아재활발달의학회, 2021). 현재까지 자폐스펙트럼장애의 발생과 연관된 유전자는 100여 개로 보고되며, 자폐스펙트럼장애는 다수 유전자의 변이가 동시에 작용하여 발생하는 복합 유전질환으로 설명되고 있다(홍강의, 2014).

(2) 신경생물학적 요인

다양한 방식의 뇌 자기공명영상(MRI) 연구를 통해 뇌의 구조, 연결성, 기능 이상이 자폐스펙트럼장애와 관련이 있음이 보고되었으며, 특히 얼굴 자극의 인식과 구별, 시선과 얼굴표정 등의 비언어적 신호 해석, 타인의 감정 인지와 정서적 경험처리 등 사회적 인지 및 지각 능력의 결함이 해당 뇌 영역의 이상과 연관 있는 것으로 추정된다(홍강의, 2014).

(3) 사회환경적 요인

자폐스펙트럼 장애의 환경적 요인으로 모체의 임신 중 감염, 조산, 저체중아, 고연령 임신, 대기오염, 중금속 등이 제기될 수 있으나, 아직까지 확증된 바는 없다(Schieve et al., 2011) 1990년대 후반 MMR(홍역, 볼거리, 풍진) 백신이 자폐스펙트럼장애를 유발하는 것으로 이슈가 되었으나, 이후의 대규모 역학 연구에서 MMR 예방접종과 자폐스펙트럼장애는 관련이 없는 것으로 드러났다(홍강의, 2014; Langan, 2011). 현재 자폐스펙트럼 장애는 환경적 요인이 단독으로 작용한다기보다 자폐스펙트럼 장애에 취약한 유전요인과 환경적 요인의 상호작용에 의해 발생하는 것으로 본다.

3. 판정 및 분류

1) 판정

(1) 판정 기준

DSM-IV-TR(APA, 1994)에서 자폐증은 전반적 발달장애라는 진단 아래 5개의 유형(자폐증, 아스퍼거 증후군, 레트증후군, 소아기 붕괴성 증후군, 불특정 전반적 발달장애)으로 분류되었다. 최근 2013년 출간된 DSM-5에서는 이러한 장애들을 연속선상에 있는 것으로 보아 유형의 구분을 없애며 자폐스펙트럼장애로 통일하였고, 두 가지 핵심 증상으로 사회적 의사소통의 장애, 한정된 관심사 및 반복적이고 상동적 행동을 제시하였다(대한소아재활발달의학회, 2021).

가. 장애진단기관 및 전문의
의료기관의 정신건강의학과 전문의

나. 진료기록 등의 확인
장애진단을 하는 전문의는 원인 질환 등에 대한 충분한 치료 후에도 장애가 고착되었음을 진단서, 소견서, 진료기록 등으로 확인하여야 한다(필요시 환자에게 타 병원 진료기록 등을 제출하게 한다).

다. 장애진단 및 재판정 시기
(1) 전반성발달장애(자폐증)가 확실해진 시점(최소 만 2세 이상)에서 장애를 진단한다.
(2) 수술 또는 치료로 기능이 회복될 수 있다고 판단하는 경우에는 장애진단을 처치 후로 유보하여야 한다. 다만, 1년 이내에 국내 여건 또는 장애인의 건강상태 등으로 인

하여 수술 등을 하지 못하는 경우는 예외로 하되 필요한 시기를 지정하여 재판정을 받도록 하여야 한다.

(3) 소아청소년은 만 6세 미만에서 장애판정을 받은 경우 만 6세 이상~만 12세 미만에서 재판정을 실시하여야 한다.

– 만 6세 이상~만 12세 미만 기간에 최초 장애판정 또는 재판정을 받은 경우 향후 장애상태의 변화가 예상되는 경우에는 만 12세 이상~만 18세 미만 사이에 재판정을 받아야 한다.

(4) 향후 장애정도의 변화가 예상되는 경우에는 반드시 재판정을 받도록 하여야 한다. 이 경우 재판정의 시기는 최초의 판정일로부터 2년 이상 경과한 후로 한다. 2년 이내에 장애상태의 변화가 예상될 때에는 장애의 진단을 유보하여야 한다.

(5) 재판정이 필요한 경우에 장애진단을 하는 전문의는 장애정도 심사용 진단서에 그 시기와 필요성을 구체적으로 명시하여야 한다.

라. 판정 절차

자폐성장애의 장애정도 판정은 (1) 자폐성장애의 진단명에 대한 확인, (2) 자폐성장애의 상태(impairment) 확인, (3) 자폐성장애로 인한 정신적 능력장애(disability) 상태의 확인, (4) 자폐성장애 정도의 종합적인 진단의 순서를 따라 이루어진다.

(1) 자폐성장애의 진단명에 대한 확인

(가) 우리 나라에서 공식적인 자폐성장애의 분류체계로 사용하고 있는 제10차 국제질병사인분류(International Classification of Diseases, 10th Version)의 진단지침에 따른다.

(나) ICD 10의 진단명이 F84 전반성발달장애(자폐증)인 경우에 자폐성장애정도 판정을 한다.

(2) 자폐성장애의 상태 확인

진단된 자폐성장애의 상태가 자폐성장애정도 판정기준에 따라 어느 장애정도가 적절한지를 임상적 진단평가과정을 통하여 판단한 뒤 장애정도를 정하며, 자폐증상의 심각도는 전문의의 판단에 따른다. 또한 K-CARS 또는 여러 자폐성 척도를 이용하여 판단할 수 있다. 이 경우 사용한 척도와 그 점수 및 판단 소견을 기술한다.

(3) 자폐성장애로 인한 정신적 능력장애 상태의 확인

자폐성장애에 대한 임상적 진단평가와 보호자 및 주위사람의 정보와 일상환경에서의 적응상태 등을 감안하여 장애정도판정을 내린다.
(4) 자폐성장애정도의 종합적인 진단
자폐성장애의 상태와 GAS 평가를 종합하여 최종 장애정도를 판정한다.

출처: 보건복지부(2022).

(2) 판별 방법

자폐스펙트럼장애 판정을 위한 검사에는 객관적 검사와 주관적 검사가 있다.

① 객관적 발달 검사

「특수교육법 시행규칙」 제2조 제1항 관련 '특수교육대상자 선별검사 및 진단 · 평가영역'에서는 자폐성장애에 대해 다음 네 가지 영역의 검사를 진행한다.

- 적응행동검사
- 성격진단검사
- 행동발달평가
- 학습준비도검사

네 가지 영역과 관련하여 현장에서 주로 사용되는 표준화된 진단 도구는 다음과 같다.

〈표 7-5〉 **자폐스펙트럼 진단 도구의 예**

영역	검사도구	대상	소요시간
적응행동검사	국립특수교육원 적응행동검사 (NISE-K · ABS)	만 2세~18세	30~60분

	지역사회적응검사 2판 (CISA-2)	만 5세 이상	1시간~1시간 30분
성격진단검사, 행동발달평가	한국판 아동기 자폐평정척도 2 (K-CARS 2)	표준형: 6세 미만, IQ79이하 고기능형: IQ80 이상 구어가 유창한 6세이상	10~30분
	한국자폐증 진단검사(K-ADS)	만 3세~21세	10~30분
학습준비도검사	학습역량검사	초등학교 2~6학년	10~30분

〈표 7-6〉 2021년 영유아 건강검진 문진표

구분	시기	설문 내용	잘 할 수 있다	할 수 있는 편이다	하지 못하는 편이다	전혀 할 수 없다
1차 검진	생후 4~5 개월	엄마(보호자)가 자리를 비웠다가 다시 나타나면 엄마(보호자)를 알아보고 울음을 그친다.	③	②	①	⓪
		아이가 엄마(보호자)와 이야기를 하거나 놀 때 엄마(보호자)의 얼굴을 바라본다.	③	②	①	⓪
		어른이 아이를 보며 말하거나 웃기 전에, 어른을 보고 먼저 웃는다.	③	②	①	⓪
		어른들의 얼굴(머리카락, 코, 안경 등)을 만져 보거나 잡아당긴다.	③	②	①	⓪
		거울 속에 보이는 자신의 모습을 보고 웃거나 옹얼거린다.	③	②	①	⓪
		아이의 이름을 부르면 듣고 쳐다본다.	③	②	①	⓪
		가족 등 친숙한 사람을 보면 다가가려고 한다.	③	②	①	⓪
		낯가림을 한다(일정한 연령이 되면 낯선 사람을 꺼리는 행동이 정상적으로 나타나며, 이것을 '낯가림'이라고 합니다).	③	②	①	⓪
6차 검진	생후 14~15 개월	어른을 따라서 '빠이빠이'하면서 손을 흔든다.	③	②	①	⓪
		어른의 관심을 끌기 위한 행동을 한다. (예: 어른이 못 본 척하면 '예쁜 짓'을 한다.)	③	②	①	⓪
		아이에게 손을 내밀어 장난감을 달라고 하면 장난감을 주려고 한다.	③	②	①	⓪

		다른 사람에게 어떤 행동이나 물건을 보여 주고 싶을 때, 그 사람을 끌어당긴다.	③	②	①	⓪
		어른의 도움이 필요할 때 도움을 요청한다.	③	②	①	⓪
		어른에게 책을 읽어 달라고 책을 건넨다.	③	②	①	⓪
		어른이 시키면 친숙한 어른들에게 인사를 한다.	③	②	①	⓪
		바닥 닦기, 전화 받기, 머리 빗기와 같은 어른의 행동을 따라 한다.	③	②	①	⓪
15차 검진	생후 36~41개월	어른이 이끄는 집단 놀이에서 규칙을 따른다. (예: 기차놀이, 꼬리잡기, 사다리 터널 놀이 등)	③	②	①	⓪
		자기 차례를 기다린다. (예: 놀이터, 미끄럼틀)	③	②	①	⓪
		놀이 중에 도움이 필요한 친구를 도와주고 달래 준다.	③	②	①	⓪
		자기 차례를 기다린다. (예: 놀이터, 미끄럼틀)	③	②	①	⓪
		또래와 함께 이야기의 흐름이 있는 놀이를 한다(예: '인형놀이' '학교놀이' 등)	③	②	①	⓪
		다른 사람에게 간단한 놀이의 규칙을 설명한다.	③	②	①	⓪
		다른 아이들과 있을 때, 차례를 지키고 놀잇감을 나누어 논다.	③	②	①	⓪
		다른 아이들의 행동에 대해 이야기한다. (예: "○○가 과자를 가져왔어.")	③	②	①	⓪
		'소꿉놀이' '학교놀이' '술래잡기' 등 여럿이 함께 어울려 하는 다양한 놀이를 한다.	③	②	①	⓪
20차 검진	생후 66~71개월	처음 만난 또래와 쉽게 어울린다.	③	②	①	⓪
		또래와 함께 차례나 규칙을 알아야 할 수 있는 놀이를 한다. (예: 윷놀이, 보드게임)	③	②	①	⓪
		자기 생각을 이야기하고 다른 아이의 말을 귀 기울여 듣는다.	③	②	①	⓪
		게임을 하는 방법에 대해 다른 아이와 이야기를 나눈다.	③	②	①	⓪
		다른 아이들과 적극적으로 어울리려고 한다.	③	②	①	⓪
		시키지 않아도 아는 사람에게 "안녕하세요?"라고 인사한다.	③	②	①	⓪
		친구에게 자기 집으로 와서 같이 놀자고 하거나, 무슨 놀이를 하자고 제안한다.	③	②	①	⓪
		친구나 가족에게 전화를 건다(집 전화나 휴대전화 모두 해당).	③	②	①	⓪

출처: 국민건강보험공단(2021).

② **주관적 발달 검사**

• 국민건강보험공단 영유아 건강검진: 영유아 발달선별검사(K-DST)

국민건강보험공단은 생후 4~5개월(1차)부터 생후 66~71개월(20차)까지 월령에 따른 영유아 발달선별검사 문진표를 제공하여 대근육운동, 소근육운동, 인지, 언어, 사회성, 자조영역(18~19개월부터)을 평가한다. 〈표 7-6〉는 '사회성' 영역의 문항의 일부를 제시하고 있다.

2) 분류

DSM은 자폐스펙트럼장애에 대한 진단기준의 변화를 보인다. DSM-IV-TR (APA, 1994)에서는 전반적 발달장애(Pervasive Developmental Disorder: PDD)의 하위진단으로 자폐성장애(autistic disorder), 아스퍼거증후군(asperger syndrom), 달리 명시되지 않은 전반적 발달장애(Pervasive Developmental Disorder Non Other Specified: PDD NOS), 레트증후군(rett's syndrome), 아동기 붕괴성 장애(Childhood Disintegrative Disorder: CDD)를 포함하였다. 이러한 하위진단은 DSM-5(APA, 2015)에서 자폐스펙트럼장애(Autism Spectrum

〈표 7-7〉 **자폐성장애 관련 DSM-IV-TR와 DSM-5의 비교**

<table>
<tr><th colspan="2">DSM-IV-TR</th><th colspan="2">DSM-5</th></tr>
<tr><td rowspan="8">전반적
발달장애</td><td>자폐성장애</td><td rowspan="8">신경발달장애</td><td>지적장애</td></tr>
<tr><td rowspan="2">아스퍼거증후군</td><td>의사소통장애</td></tr>
<tr><td>자폐스펙트럼장애</td></tr>
<tr><td rowspan="2">달리 명시되지
않은 전반적 발달장애</td><td>주의력결핍과잉행동장애</td></tr>
<tr><td>특정학습장애</td></tr>
<tr><td>레트증후군</td><td>운동장애</td></tr>
<tr><td rowspan="2">아동기 붕괴성 장애</td><td>틱장애</td></tr>
<tr><td>기타 신경발달장애</td></tr>
</table>

Disorder)라는 진단명으로 통합되었으며, 신경발달장애의 하위진단으로 변경되었다. 자폐스펙트럼장애에 요구되는 핵심 증상은 기존 자폐장애의 핵심 증상 중 '구어발달의 지연' 항목이 빠지고 '사회적 의사소통, 제한적이고 반복적인 행동'의 영역으로 설명하며, 두 가지 모두 충족해야 진단이 가능하다.

레트증후군은 특정 유전인자의 돌연변이가 근본 원인인 신경계질환으로 밝혀졌으며, 짧은 기간 동안 자폐증상을 보인다. 레트증후군이 언어적 퇴행과 운동 기능의 퇴행을 보이는 데 반해, 자폐스펙트럼장애는 언어적 퇴행만 보인다는 차이가 있다. 이와 같은 임상적 차이점들에 의하여, DSM-5에서는 레트증후군을 자폐스펙트럼장애에서 제외하였다.

4. 특성

1) 인지적 특성

자폐스펙트럼장애의 인지 특성은 일반적으로 마음이론(theory of mind), 집행기능(executive function), 중앙통합능력이론(central coherence theory)를 기반으로 설명한다. 마음이론은 자신뿐 아니라 타인의 생각이나 욕구, 신념, 의도, 정서, 생각 등의 마음 상태를 이해하는 것에 대한 이론이다. 이는 타인의 마음 상태를 추론하여 그의 말과 행동의 뜻을 이해하는 것뿐 아니라 어떠한 행동을 할지 예측 가능한 능력을 의미한다(Premack & Woodruff, 1978). 자폐스펙트럼장애 아동은 마음이론 발달의 지연 혹은 결함을 보이는 것으로 알려져 있으며, 이는 사회적 의사소통의 어려움과도 연관이 있다(목소라, 2019).

집행기능이란 목표 달성을 위해 자신의 행동을 조절하고 문제 해결을 위하여 인지, 행동을 유지하고 실행하는 능력이다(Welsh & Pennington, 1988). 자폐스펙트럼장애 아동은 정도의 차이는 있으나 작업 기억 능력, 인지적 유연성, 계획하기 등 집행기능의 하위 영역에서 어려움을 겪는 것으로 보고된다(고아라, 임동선, 2013; 목소라, 2019).

중앙통합능력이론은 여러 다른 수준의 정보를 통합하여 전반적인 의미를 추출해 내는 정보처리 과정이다. 이는 자기와 타인, 그리고 중요한 사물을 통합적으로 표상하는 능력발달과 관련이 있다(Frith, 1989). 중앙통합능력은 상황에 대한 전체적 관점을 갖게 하는데, 이러한 능력이 부족한 자폐스펙트럼장애 아동은 부분적이고 세부적인 정보를 처리하는 데 편중하는 경향을 보인다(박귀남, 김화수, 2014, 신은수, 2005)

자폐스펙트럼장애는 지적장애가 동반되는 경우가 많으며, 자폐스펙트럼장애 아동의 약 40~60%가 IQ 50 이하인 것으로 보고되었다(대한소아재활, 발달의학회, 2021). 자폐 장애로 인한 언어 및 사회성 결함, 제한적 관심, 행동 조절의 어려움 등의 특성은 다양한 지적 기능과 결합되어 서로 영향을 미치므로, 지적장애를 함께 보이는 자폐스펙트럼장애 아동의 경우 그렇지 않은 아동에 비해 학업이나 일반적 생활에서 더 낮은 수행 수준을 보이기도 한다(이소현, 박은혜, 2018). 또한 자폐스펙트럼 장애아동의 상상력, 상징적 인지 결함은 상징놀이, 상상놀이, 역할놀이, 창작활동에 제한을 야기하는 것으로 보고되었다(Frith & Happe, 1994; 홍강의 외, 2014 재인용).

2) 신체적 특성

자폐스펙트럼장애 아동은 의미 없는 반복적 상동행동이나 반향어의 특징을 갖고, 물건을 기능적으로 사용하기보다는 일렬로 줄을 세우거나 쌓는 것에 집중하며, 회전, 빛, 소리, 촉각적 자극에 과소 혹은 과잉반응을 보인다(대한소아재활 발달의학회, 2021). 자신의 환경으로부터 과소·과민의 자극을 받기 때문에 지나가는 타인과의 접촉과 같은 방해가 아주 큰 불안감을 야기할 수 있다. 이들의 자극에 대한 반응은 언제 어떻게 일어날 수 있는지 예측하기 어려운 것이 특징이며, 더 많은 자극을 얻기 위해 또는 다른 감각 자극에 대한 요구를 만족시키기 위해 자기자극 행동을 보이기도 한다(Martin, 2009). 자기자극 행동(self-stimulating behavior)의 예로, 손가락 튕기기, 손 펄럭이기, 물건 돌리기, 손바닥(이나 물건)을 혀로 핥기, 한 자리에서 뱅글뱅글 돌기 등이 있다. 이러한 자기자극 행동은 책상에 머리 박기, 뾰족한 것으로 몸에 상처 내기, 학교에서의 자위행위 등 부적절하고 위험한 행동으로 나타날 수 있다.

3) 심리정서적 특성

자폐스펙트럼장애 아동은 감정 표현이 제한적이며 표정도 거의 없다. 자폐스펙트럼장애 아동은 기쁨, 슬픔, 분노의 감정을 보일 수 있으나 극단적으로 표현하는 경우가 많고, 때로는 상황에 맞지 않은 감정 표현(예: 슬픈 이야기를 하며 웃기)을 한다(Martin, 2009). 자폐스펙트럼장애의 강박적 성향은 익숙하고 동일한 패턴이 유지되기를 바라며, 친숙한 환경에 작은 변화가 생기면 불안, 분노의 태도를 보이기도 한다. 예를 들어, 평소 마트에 가던 길과는 다르게 우회하여 가게 되는 경우 급격한 스트레스 반응을 보일 수 있다.

4) 사회적 특성

Inglese(2009)는 자폐스펙트럼장애 아동의 사회적 상호작용, 의사소통에 대하여 다음과 같은 특징을 서술하였다.

- 만 12개월 이전: 눈 맞춤의 어려움, 다른 사람에게 무엇인가를 가리키거나 보여 주지 않음, 의미 있는 몸짓을 사용하지 않음, 사회적 미소 없음, 호명에 반응하지 않음(듣지 못하는 것처럼 보임) 등
- 만 1~3세: 혼자 있는 것을 좋아함, 독립적임, 타인의 눈을 쳐다보지 않

음, 다른 사람을 쳐다보거나 듣지 않음, 다른 아이들에게 관심을 보이지 않음, 무엇인가를 가리키거나 보여 주지 않음, 다른 사람의 행동을 모방하거나 가상 놀이를 하지 않음, 호명에 반응하지 않음(듣지 못하는 것처럼 보임), 원하는 것을 말하지 않음, 부모의 손을 도구처럼 사용함, 독특한 소리를 냄, 단어나 구절을 반복적으로 말함, 부적절하게 웃음, 상관없는 말을 자주 함, 장난감이나 물건을 줄 세움, 하나의 특정 장난감이나 물건에 집착함, 감각이 과민함, 자기 자극 행동, 행동이 서투름 등

자폐스펙트럼장애의 사회적 상호작용 결함과 관련하여 합동주시(공동주시, joint attention)가 관찰되지 않는 것이 특징적이다. 합동주시란 하나의 사물이나 사건에 대한 인식을 공유하기 위해 상대방과 같이 쳐다보고 주의를 살피는 행동을 의미하며, 사회적 인지 발달과 관련이 깊다. 일반적으로 비장애 유아들은 생후 12개월 내에 이와 같은 기술을 습득하나, 자폐스펙트럼장애 유아는 습득에 제한점을 갖는다. 이러한 사회적 인지 장해는 어머니와의 관계를 시작으로 타인과의 관계에서도 감정적 공명, 공감능력 형성, 공동의식 발전의 제한을 야기한다(홍강의, 2014; Dawson et al., 2004).

의사소통 결함과 관련하여 동일한 자폐스펙트럼장애 진단을 받았더라도 인지 및 언어 능력에 따라 그 수준이 매우 다양하게 나타나지만, 공통적으로 '화용언어능력'의 문제를 지니는 것으로 보고된다. 화용언어능력이란 말하는 사람에게는 듣는 사람의 의도를 인식하고 이해하는 능력이며, 듣는 사람에게는 말하는 사람의 의도를 인식하고 이해하는 능력이다(김영태, 2014). 화용언어 능력에 결함이 있는 아동의 경우 가정이나 학교 등의 실제 대화 상황에서 상대방과 의사소통하려는 의도가 부족하고, 사회적 상황을 이해하지 못하며, 비언어적 의도 파악, 대화 맥락과 규칙 이해 등에 어려움을 보인다(제현선 외, 2013). 특히 경계선급 지능 이상을 보이는 고기능 자폐스펙트럼장애 아동은 언어의 의미나 문법의 습득에 큰 어려움을 보이지 않아도 또래와의 의사

소통은 제한되는 경우가 많아, 학교 상황에서 언어 표현을 전혀 하지 않거나 부적절한 양상의 언어적 시도로 또래 관계 형성에 취약함을 보일 수 있다(송승하, 2019).

5. 미술심리재활

1) 기본 원리

자폐스펙트럼장애는 발달 전반에 걸친 문제를 지니고 있으므로, 가능한 한 조기에 포괄적으로 개입하는 것이 중요하다. 조기개입은 장애 진단을 받는 시점(자폐스펙트럼장애의 경우 일반적으로 생후 18~36개월)부터 학교 입학 시점(약 만 5세)까지의 기간을 말한다. 포괄적 개입은 의사소통, 관심 범위, 심리사회성, 부적응적 기능과 행동문제 등을 모두 고려한다.

미국 국립자폐센터(National Autism Center)가 보고한 자폐스펙트럼장애 선행연구 분석결과에 따르면, 중재 목표는 크게 기술 향상과 행동 감소의 범주로 나눌 수 있다.

(1) 기술 향상

- 학습: 연령에 맞는 성공적 작업 수행을 위함. 색상 · 문자 · 숫자 식별, 읽기, 쓰기 등
- 의사소통: 언어적 · 비언어적 소통. 소리나 상징의 사용을 포함
- 인지기능: 문제해결 능력, 작업 기억, 실행 기능, 마음이론 작업 등
- 대인관계: 1인 또는 다수와의 사회적 상호작용. 합동주시, 우정, 사회적 기술, 집단 참여 등
- 학습 준비: 모방, 지시 따르기, 착석 등

- 운동기술: 소근육 또는 대근육 운동, 시각-운동 협응 능력. 자르기, 색칠하기, 쓰기, 구슬 꿰기, 서기, 걷기, 공 던지고 받기 등
- 책임감(자조기술): 일상생활 활동. 식사, 수면, 옷 입기, 화장실 이용, 청소 등
- 놀이: 학업과 관련 없는 활동. 자기자극적 행동 제외한 장난감의 적절한 사용 등
- 자기조절: 자기 옹호, '스케줄에 따른' 자기 관리, 환경 변화에 적응 등

(2) 행동 감소

- 일반적 증상: 자폐스펙트럼장애에 의한 복합적 증상들, 심리사회적 요구에 의한 증상 등
- 문제행동: 본인이나 타인에게 해를 끼치거나, 사물에 손상을 입히거나, 일상생활에 방해가 되는 행동. 자해, 공격성, 재산 파괴, 위험하거나 성적으로 부적절한 행동 등
- 제한적, 반복적, 비기능적 관심과 행동: 제한적이고 자주 반복되는 부적응적인 운동 패턴, 강박적 행동, 고정관념, 부적절한 언어 또는 제한된 관심 등
- 감각 및 감정 조절: 환경에 효과적으로 기능하기 위한 자신의 각성 및 반응수준을 유연하게 하는 것. 자극 거부, 수면 장애, 불안 및 우울 등

2) 목표 및 기대효과

(1) 목표

자폐스펙트럼장애 아동에게 미술치료는 강점(시각적 접근 선호, 감각적 호기심)과 결핍(상상력, 감각 제어의 결합)이 융합된 중재다(Martin, 2009). 자폐스펙트럼장애 아동 대상의 미술심리재활 목표는 다음과 같다.

- 상상/추상적 사고
- 감각 조절 및 통합
- 감정/자기 표현
- 발달적 성장
- 시공간적 기술 습득
- 레크리에이션/여가 기술 습득

(2) 기대효과

자폐스펙트럼장애 아동은 감각에 대하여 과소 · 과민한 특성을 지닌다. 둔감함 때문에 강렬한 자극을 추구하기도 하며, 가벼운 터치에도 극심한 통증을 느낄 수 있다. 일반적으로 자폐스펙트럼장애 아동은 현재의 감각 상태를 진정시키는 매체보다는 현재의 감각 상태를 지속시키는 매체를 선호하므로(Martin, 2009), 미술치료사는 미술매체의 다양한 질감, 색, 냄새 등의 고유 특성을 활용하여 자폐스펙트럼장애 아동의 감각 조절에 도움을 줄 수 있다(Durrani, 2019). 또한 인지적 측면에서 색, 도형, 그림, 글씨, 숫자 등을 활용한 미술작업이 효과적이다. 얼굴 그리기는 자폐스펙트럼장애 아동의 자기 인식을 높이고, 유연성과 사회적 행동을 높이는 것으로 보고되며(Schweizer, 2020), 집단 안에서의 공동작업은 사회성 관련 기술과 규칙 지키기, 기다리기 등을 배우도록 돕는다.

참고문헌

고아라, 임동선(2013). 고기능 자폐아동의 집행기능과 문장 이해 능력과의 관계. **한국언어청각임상학회, 18**(3), 297-310.

교육부(2022). 2022 특수교육통계.

대한소아재활, 발달의학회(2021). **소아재활의학**(3판). 경기: 군자출판사.

김영태(2014). **아동언어장애의 진단 및 치료**(제2판). 서울: 학지사

목소라(2019). 명료화 요구에 대한 고기능 자폐 아동의 발화수정전략 및 언어능력, 마음이론, 집행기능과의 상관분석. 석사학위논문, 이화여자대학교.

박귀남, 김화수(2014). 저기능 자폐아동의 운율 및 문장에 대한 인지 특성. **언어치료연구**, 23(3),79-89.

반건호(2016). **소아청소년정신의학**, 27(4), 319.

보건복지부(2022). 2022년 장애등록심사 관련 법령 및 규정집.

송승하(2019). 사회 의사소통 중재 프로그램을 활용한 언어치료가 학령기 고기능 자폐스펙트럼장애 아동의 화용언어 능력에 미치는 영향. 박사학위논문. 이화여자대학교.

신석호(2013). '자폐스펙트럼장애' 용어의 사용. **소아청소년정신의학**, 25(2), 95-96.

신은수(2005). 3, 4, 5세 유아의 마음이론 발달과 가장놀이, 언어의 표상 능력, 실행기능, 그리고 중앙통합 능력과의 관계, **유아교육연구**, 25(1), 65-90.

이소현, 박은혜(2018). **특수아동교육**(제3판). 서울: 학지사

제현선, 이성호, 이강선, 서경희(2013). 특수교육 대상자의 화용언어 관련 국내 연구 동향 분석, **정서 · 행동장애연구**, 29(4), 61-88.

홍강의(2014). **소아정신의학**. 서울: 학지사.

통계청(2018). 장애인 출현율의 변화추이. KOSIS 국가통계포털.

American Psychiatric Association(2015). DSM-5 간편 정신질환진단통계편람[*Desk Reference to thr Diagnostic Criteria from DSM-5*]. (권준수 역). 서울: 학지사. (원전은 2013년에 출판).

Blacher, J., & Christensen, L. (2011). Sowing the seeds of the autism field: Leo Kanner (1943), *Intellectual and developmental disabilities, 49*(3), 172-191.

Dawson, G., Toth, K., Abbott, R., Osterling, J., Munson, J., Estes, A., & Liaw, J. (2004). Early social attention impairments in autism: Social orienting, joint attention, and attention to distress, *Developmental Psychology, 40*(2), 271-283.

Diallo, F. B., Fombonne, D., Kisely, S., Rochette, L., Vasiliadis, H. M., Vanasse, A., Noiseux, M., Pelletier, O., Renaud, J., St-Laurent, D., & Lesage, A.

(2018). Prevalence and Correlates of Autism Spectrum Disorders in Quebec: Prévalence et corrélats des troubles du spectre de l'autisme au Québec. *Can J Psychiatry, 63*(4), 231-239.

Durrani, H. (2019). A case for art therapy as a treatment for autism spectrum disorder. *Journal of the american art therapy association, 36*(2), 103-106.

Fairthorne, J., Klerk, N., Leonard, H. M., Schieve, L. A., & Allsopp, M. Y. (2017). Maternal Race-Ethnicity, Immigrant Status, Country of Birth, and the Odds of a Child With Autism. *Child Neurol Open, 12*(4).

Frith, U. (1989). A new look at language and communication in autism. *British Journal of Disorders of Communication, 24*, 123-150.

Gillberg, C., Harrington, R., & Steinhausen. H. C. (2006). *A clinician's Handbook of Child and Adolescent Psychiatry*. Cambridge : Cambridge University Press.

Inglese, M. D. (2009). Caring for children with autism spectrum disorder, Part II: Screening, Diagnosis, and Management. *Journal of Pediatric Nursing, 24*(1), 49-59.

Kim, Y. S., Leventhal, B. L., Koh, Y. J., Frombonne, E., Laska, E., Lim, E. C., Cheon, K. A., Kim, S. J., Kim, Y. K., Lee, H. K., Song, D. H., & Grinker, R. R. (2011). Prevalence of autism spectrum disorders in a total population sample. *American Journal of Psychiatry, 168*(9), 904-12.

Landrigan, P. J. (2010). What causes autism? Exploring the environmental contribution. *Current Opinion in Pediatrics, 22*(2), 219-225.

Langan, M. (2011). Parental voices and controversies in autism. *Disability & Society, 26*(2), 193-205.

Maenner, M. J., Shaw, K. A., Baio, J., Washington, A., Patrick, M., DiRienzo, M., Christensen, D. L., Wiggins, L. D., Pettygrove, S., Andrews, J. G., Lopez, M., Hudson. A., Baroud, T., Schwenk, Y., White, T., Rosenberg, C, R., Lee, L, C., Harrington, R. A., Huston, M., Hewitt, A., Esler, A., Lande, J. H., Poynter, J. N., Muchow, L. H., Constantino, J. N., Fitzgerald, R. T., Zahorodny, W., Shenouda, J., Daniels, J. L., Warren, Z., Vehorn, A., Salinas, A., Durkin, M.

S., & Dietz, P. M. (2020). Prevalence of Autism Spectrum Disorder Among Children Aged 8 Years-Autism and Developmental Disabilities Monitoring Network, 11 Sites, United States, 2016. *Morbidity and Mortality Weekly Report(MMWR). Surveillance Summaries, 69*(4), 1-12.

Malchiodi, C. A. (2003). *Handbook of art therapy.* New York: Guilford.

Martin, N. (2009). *Art as an early Intervention tool for children with autism.* London: Jessica Kingsley.

Narzisi, A., Posada, M,, Barbieri, F., Chericoni, N., Ciuffolini, D., Pinzino, M., Romano, R., Scattoni, M. L., Tancredi, R., Calderoni, S., & Muratori, F. (2018). Prevalence of Autism Spectrum Disorder in a large Italian catchment area: a school-based population study within the ASDEU project. *Epidemiology and Psychiatric Sciences, 29*, ES.

Premack, D., & Woodruff, G. (1978). Does the chimpanzee have a theory of mind? *Behavioral and Brain Sciences, 1*(4), 515-526.

Scheive, L. A., Rice, C., Devine, O., Maenner, M. J., Lee, L. C., Fitzerald, R., & Durkin, M. (2011). Have secuar changes in perinatal risk factors contributed to the recent autism prevalence increase? Developmental and application of a mathematical assessment model. *Annals of Epidemiology, 21*(12), 930-945.

Schweizer, C., Knorth, E. J., Van Yperen, T. A., & Spreen, M. (2020). Evaluation of 'images of self', and art therapy program for children diagnosed with autism spectrum disorders (ASD). *Children and Youth Services Review, 116*, 105207.

Sun, X., Allison, C., Wei, L., Matthews, F. E., Auyeung, B., Wu, Y. Y., Griffiths, S., Zhang, J., Cohen, S. B., & Brayne, C. (2019). Autism prevalence in China is comparable to Western prevalence. *Mol Autism, 28*(10), 7.

Welsh, M. C., & Pennington, B. F. (1988). Assessing frontal lobe functioning in children: Views from developmental psychology. *Developmental neuropsychology, 4*(3), 199-230.

Global Autism Prevalence. https://prevalence.spectrumnews.org/

제8장

의사소통장애(최한)

●국제 말더듬 인식의 날●

매년 10월 22일은 세계인들에게 언어장애가 있는 사람들의 어려움을 알리고 대중적인 관심을 높이기 위해 '국제 말더듬 인식의 날'로 지정됨

1. 정의

의사소통(communication)은 개인이 사고, 사상, 의견, 느낌 등을 전달하는 것(Han & Namgung, 2008)으로 음성언어, 쓰기, 수화를 이용한 언어적 방법과 몸짓, 수기 신호 등과 같은 비언어적 방법이 있다. 의사소통장애(communication disorder)는 사회적 상황에서 다른 사람의 말을 청취하여 이해하는 수용 언어(receptive language) 능력과 자신의 생각을 말로써 하는 표현 언어(expression language) 기능에 장애가 있어 의사소통에 제한이 있는 장애다(미국언어청각치료학회, 2021). 의사소통장애는 청취하는 능력에 장애가 발생되는 청각장애를 생리적 기준에 의해 세부 분류될 수 있으나, 청각장애는 의사소통장애가 아닌 청취 기능의 문제로 발생한 감각장애(sensory disturbance)로 단독 분류된다. 의소통장애는 학문 분야, 서비스 제공 목적에 따라서 교육적(「특수교육법」) 정의와 복지적(「장애인복지법」) 정의 그리고 의학적 정의로 분류된다. 「특수교육법」(2008)의 경우 교육적 관점에서 학령기 아동의 특수교육대상자의 교육적 목적으로 의미하고 있지만, 「장애인복지법」(2019)에 의한 장애 분류는 전 연령 공통으로 언어장애인(의사소통장애)의 복지적 목적으로 의미한다.

1) 「특수교육법」의 정의

「특수교육법 시행규칙」(2008)상 의사소통장애는 〈표 8-1〉과 같이 정의된다.

〈표 8-1〉「특수교육법」의 의사소통장애 정의

구분	판정 기준
의사소통 장애	다음 각 목의 어느 하나에 해당하여 특별한 교육적 조치가 필요한 사람 가. 언어의 수용 및 표현 능력이 인지능력에 비하여 현저하게 부족한 사람 나. 조음능력이 현저히 부족하여 의사소통이 어려운 사람 다. 말 유창성이 현저히 부족하여 의사소통이 어려운 사람 라. 기능적 음성장애가 있어 의사소통이 어려운 사람

출처: 특수교육법 시행규칙(2016; 일부개정).

2)「장애인복지법」의 정의

「장애인복지법 시행규칙」(2020년 일부 개정) 상 의사소통장애를 언어장애로 명칭하고 있으며 언어장애에 대한 정의는 〈표 8-2〉와 같다.

〈표 8-2〉「장애인복지법」의 언어장애 정의

구분	판정 기준
장애의 정도가 심한 장애인	1. 발성이 불가능하거나 특수한 방법(식도발성, 인공후두기)으로 간단한 대화가 가능한 음성장애 2. 말의 흐름에 심한 방해를 받는 말더듬(SSI: 97%ile 이상, P-FA: 91%ile 이상) 3. 자음정확도가 30% 미만인 조음장애 4. 의미 있는 말을 거의 못하는 표현언어지수가 25 미만인 경우로서 지적장애 또는 자폐성장애로 판정되지 아니하는 경우 5. 간단한 말이나 질문도 거의 이해하지 못하는 수용언어지수가 25 미만인 경우로서 지적장애 또는 자폐성장애로 판정되지 아니하는 경우
장애의 정도가 심하지 않은 장애인	1. 발성(음도, 강도, 음질)이 부분적으로 가능한 음성장애 2. 말의 흐름이 방해받는 말더듬(SSI: 아동 41~96%ile, 성인 24~96%ile, P-FA 41~90%ile) 3. 자음정확도 30~75% 정도의 부정확한 말을 사용하는 조음장애 4. 매우 제한된 표현만을 할 수 있는 표현언어지수가 25~65인 경우로서 지적장애 또는 자폐성장애로 판정되지 아니하는 경우 5. 매우 제한된 이해만을 할 수 있는 수용언어지수가 25~65인 경우로서 지적장애 또는 자폐성장애로 판정되지 아니하는 경우

출처: 장애인복지법 시행규칙(2022).

3) 의학적 정의

「국제질병분류체계」(ICD-10, WHO, 1992)는 의사소통장애를 다음과 같이 정의한다. 표현성 언어 능력의 특수한 진단 기준으로 제시하고 있다. 기대되는 표현성 언어 능력보다 평균 기준을 벗어나거나 기대하고 있는 비언어적 지능지수보다 평균 점수를 벗어난 점수를 결정선으로 제시하고 있다. 신경학적, 감각적, 신체적 손상이 말하기 언어사용에 직접 영향을 미치거나 정신지체가 존재한다면 의사소통장애에서 제외된다.

세계보건기구(WHO)는 기능 및 장애와 관련된 건강 요소들에 대해서 세계적으로 일치된 모형을 제시하고자 국제적으로 일반화된 장애의 개념을 정의하기 위해서 2001년에 국제 기능 · 장애 · 건강 분류(ICF)를 제시하였다. 최신 개정판 ICF(WHO, 2016)는 의사소통장애(목소리와 말하기 기능)를 〈표 8-3〉과 같이 정의한다.

〈표 8-3〉 **ICF의 의사소통장애 정의**

<table>
<tr><th>구분</th><th>판정 기준</th></tr>
<tr><td>말하기</td><td>• 말로 사실을 표현하거나 이야기를 하는 것과 같이 문자적 의미와 함축적 의미를 가진 구두 메시지를 단어, 구 및 보다 긴 구절로 표현하는 기능에 손상이 있는 경우</td></tr>
<tr><td rowspan="2">비언어적
표현</td><td>• 몸짓언어로 표현하는 것으로 얼굴표정(미소 짓기, 찌푸리기, 움찔 놀라기), 팔과 손의 움직임으로 의미 전달하는 기능에 손상이 있는 경우
• 신호와 기호(아이콘, 과학 기호)를 이해하는 기능에 손상이 있는 경우</td></tr>
<tr><td>• 몸짓언어로 표현하는 것으로 얼굴표정 기능에 손상이 있는 경우</td></tr>
</table>

출처: WHO (2016).

2. 출현율 및 원인

1) 출현율

(1) 장애 출현율

의사소통장애의 출현율은 대상연령, 연구방법에 따라 다양한 결과를 얻을 수 있지만, 일반적으로 그 나라 인구의 10% 전후로 파악되고 있다(Resnick, Allen, & Rapin, 1984). 우리나라의 경우, 전국 57개 학교의 1학년 아동(만 7세)을 대상으로 조사한 Rhee, Kwon, Kim, Kwon과 Kwak (1982)의 연구에서는 의사소통장애를 약 5.48%로 추정하였다. 한국보건사회연구원(2020)의 장애인 실태조사를 살펴보면, 의사소통장애 중 말소리장애 출현율은 40.5%로 의사소통장애 하위 유형 중 가장 높은 출현율을 보였다.

(2) 특수교육대상자 출현율

특수교육 실태조사 특수교육통계(교육부, 2022)에 따르면 전체 특수교육대상자 103,695명 중에서 의사소통장애아동은 2,622명으로 2.5%의 비율을 차지하고 있다. 연도별 장애영역별 학생 현황에 따르면, 전체 특수교육대상자에서 의사소통장애아동이 차지하는 비율이 2018년 2.3%, 2019년 2.4%, 2020년부터 2022년까지 2.5%로 비슷한 출현율을 보인다.

2) 구조, 기능 및 원인

(1) 구조

의사소통은 억양, 강세, 속도, 눈빛, 자세, 신체 움직임, 속담, 은유, 유머 등의 유사언어(paralanguage)와 비언어적 · 추상적 언어 등 모든 언어적 구성요소를 바탕으로 의견이나 생각, 감정을 교환하는 것이다. 의사소통 기능에는 음성기능, 조음기능, 유창성 그리고 리듬이 있다.

〈표 8-4〉 **의사소통의 기능, 구성 및 정의**

기능	구성	정의
음성기능	발성	• 음성의 산출과 음질에 대한 기능으로 발성, 음도, 소리크기 및 기타 음직에 대한 기능
	음질	• 소리의 높낮이, 공명 및 기타 특성을 포함한 음성의 특징을 만드는 기능
조음기능	말소리	• 말소리를 만드는 기능으로 발음 기능, 음소의 조음 기능(경직성, 운동실조성 및 이완성 구어장애, 마비성 구어장애
	음절	• 말소리를 만드는 기능으로 발음 기능, 음소의 조음 기능(경직성, 운동실조성 및 이완성 구어장애, 마비성 구어장애
말하기의 유창성과 리듬 기능	말하기의 유창성	• 말하기의 유창성은 말하기의 흐름과 속도 만드는 기능으로서 의사소통 상황에서 자연스럽게 말하는 능력 • 말의 리듬, 속도 및 멜로디에 대한 기능

출처: Martin (2009).

(2) 기능

• 언어의 구성요소

언어의 세 가지 주요한 구성요소는 형식, 내용과 사용이다(Bloom & Lahey, 1978). 언어는 소리, 의미 단위와 의미 단위들이 조합되는 형식으로 구성되어 있다. 이는 음운론, 어형론과 구문론으로 기술될 수 있다. 언어의 내용은 의미이고, 이것은 의미론으로 묘사된다. 마지막으로, 언어의 사용은 사회적 상황에서 우리가 말하는 방법과 언어를 어떻게 사용하는가에 대한 것이다. 이것은 화용론으로 불린다.

〈표 8-5〉 **언어의 구성요소**

구성요소	정의	수용 수준	표현 수준
음운론	언어의 소리체계와 소리의 결합을 지배하는 언어적 규칙	구어 소리의 변별	구어 소리의 조음
어형론	단어의 구조와 구성 또는 의미의 기본적인 구성요소로부터의 단어 형성을 지배하는 언어적 규칙	단어의 문법적 구성의 이해	단어에서 문법의 사용
구문론	문장을 형성하기 위한 단어의 순서와 조합 그리고 문장 내에서 요소들간의 관계를 지배하는 언어 규칙체계	구와 문장의 이해	구와 문장에서 문법의 사용
의미론	발화의 내용, 의도, 단어 의미와 문장을 만드는 심리언어적 체계	단어 의미와 단어 관계의 이해	단어 의미와 단어 관계의 사용
화용론	운동적으로, 음성적으로 또는 언어적으로 표현되는 의사소통에서 언어를 사용하는 사회언어적인 체계	언어 단서의 이해	상황에서 언어의 사용

출처: Pinker & Jackendoff (2009).

(3) 원인

의사소통장애는 두뇌 및 신경 손상, 구개 파열 등의 구강기관 이상, 입과 얼굴의 기형 등 밝혀진 생물학적 원인에 의해서 나타난다. 그러나 현재까지 주요 원인이 정확하게 밝혀지지 않고 있다. 말이나 언어에 있어서의 결함은 다양한 원인의 상호작용에 의해서 영향을 받기 때문에 단적으로 원인을 정의하기 어렵다(국립특수교육원, 2021).

① 의사소통 발달과정

연령별 의사소통 발달과정은 다음의 〈표 8-6〉과 같다.

〈표 8-6〉 **연령별 의사소통 발달과정**

연령	반응 발달과정
4~6개월	• 같은 소리를 반복한다. • 즐거울 때는 평상시와 다른 톤의 소리를 낸다. • 소리를 내는 시간이나 비중이 커진다. • 엄마, 아빠의 목소리를 알고, 이야기하면 미소를 짓는다.
7~12개월	• 7~8개월에 '엄마' '아빠'를 처음 말한다. • 톤이 높고 다양하며 밝은 느낌의 목소리를 좋아한다. • "안 돼" 하는 말과 자기 이름을 알고 반응한다. • 간단한 지시를 이해하고 따른다.
13~18개월	• 3~10개 혹은 그 이상의 단어를 말할 줄 안다. • 단어 2개를 연결해서 말한다. • 목소리 톤이나 태도로 말하는 사람의 감정을 알아차린다.
19~24개월	• 명사와 동사를 결합해 말한다. • '나'라는 대명사를 사용하기 시작한다. • 아는 물건에 대해해서는 "이게 뭐야?"라는 질문에 답하기도 한다. • "주세요." 등의 요구하는 표현을 한다. • 다섯 군데 정도의 신체 명칭을 말할 수 있다. • 단어는 많이 말하나 아직 발음이 부정확할 때가 많다.

출처: 정옥분(2013).

② 주요 질병 원인

의사소통장애는 유전성, 선천성 질환, 발육이상, 모체질환, 기타 염색체 이상 등으로 인한 선천적 원인과 중추신경계, 구강, 후두 등에 손상을 가져오는 질병, 사고 그리고 출생 시 원인(조산, 난산, 외상 등)에 의한 후천적 원인으로 발생한다. 공통으로 손상 시기와 관계없이 비정상적인 반사운동이나 운동 기능의 장애가 발생하며, 발성하는 데 필요한 정확한 구강, 안면 움직임이 어렵다.

③ 사회환경적 요인

신생아들의 울음이나 옹알이 같은 초기 의사소통적인 사도에 양육자들이 적절히 반응하지 않을 경우에 좀 더 조직화된 의사소통 능력의 발달이 지체될 수 있다.

3. 판정 및 분류

1) 판정

(1) 판정 기준

보건복지부(2021)가 제시한 의사소통장애 판정기준은 다음과 같다.

가. 장애진단기관 및 전문의

① 의료기관의 재활의학과 전문의 또는 언어재활사가 배치되어 있는 의료기관의 이비인후과 · 정신건강의학과 · 신경과 · 소아청소년과(신경분과) 전문의

- 다만, 음성장애는 언어재활사가 없는 의료기관의 이비인후과 전문의 포함

② 의료기관의 치과(구강악안면외과) · 치과전속지도전문의(구강악안면외과)

나. 진료기록 등의 확인

장애진단을 하는 전문의는 원인 질환 등에 대한 6개월 이상의 충분한 치료 후에도 장애가 고착되었음을 진단서, 소견서, 진료기록 등으로 확인하여야 한다(필요시 환자에게 타 병원 진료기록 등을 제출하게 한다). 다만, 장애 상태가 고착되었음이 전문적 진단에 의해 인정되는 경우 이전 진료기록 등을 확인하지 않을 수 있다. 이 경우 이에 대한 의견을 구체적으로 장애정도 심사용 진단서에 명시하여야 한다.

다. 장애진단 및 재판정 시기

① 장애의 원인 질환 등에 관하여 충분히 치료하여 장애가 고착되었을 때에 진단하며, 그 기준 시기는 원인질환 또는 부상 등의 발생 후 또는 수술 후 6개월 이상 지속적으로 치료한 후로 한다. 다만 후두 전적출술 등 장애의 고착이 명백한 경우는 예외로 한다.

② 수술 또는 치료 등 의료적 조치로 기능이 회복될 수 있다고 판단하는 경우에는 장애판정을 처치 후로 유보하여야 한다. 다만, 1년 이내에 국내 여건 또는 장애인의 건강상태 등으로 인하여 수술 등을 하지 못하는 경우는 예외로 하되, 필요한 시기를 지정하여 재판정을 받도록 하여야 한다.

③ 향후 장애정도의 변화가 예상되는 경우에는 반드시 재판정을 받도록 하여야 한다. 이 경우 재판정의 시기는 최초의 판정시기로부터 2년 이상 경과한 후로 한다. 2년 이내에 장애상태의 변화가 예상될 때에는 장애의 판정을 유보하여야 한다.

④ 재판정이 필요한 경우 장애진단을 하는 전문의는 장애정도 심사용 진단서에 재판정 시기와 필요성을 구체적으로 명시하여야 한다.

⑤ 소아 · 청소년은 적절한 언어발달이 이루어진 이후에 판정하며 원인질환 등에 관하여 6개월 이상 충분히 치료하였음에도 불구하고 장애가 있다고 인정되는 경우는 만 3세 이상에서 진단할 수 있다.

(가) 만 6세 미만에서 장애판정을 받은 경우 만 6세 이상~만 12세 미만에서 재판정을 실시하여야 한다.

(나) 만 6세 이상~만 12세 미만 기간에 최초 장애판정 또는 재판정을 받은 경우 향후 장애상태의 변화가 예상되는 경우에는 만 12세 이상~만 18세 미만 사이에 재판정을 받아야 한다.

출처: 보건복지부(2022).

(2) 판정 방법

아동에 대한 의사소통장애는 학령전기, 학령기 검사로 구분되며, 언어발달검사, 조음능력검사, 유창성검사가 있다.

① 학령전기 아동 언어 검사

〈표 8-7〉 학령전기 아동 언어 검사 내용

구분	대상	목적	진행과정
영유아 언어발달검사 (Sequenced Language Scale for Infants)	만 4~35개월	언어발달 정도 파악	30분 ~ 1시간 아동 관찰 부모 보고
취학 전 아동의 수용표현언어검사 (Preschool Receptive-Expressive Language Scale: PRES)	만 2~6세	언어발달 정도 파악	30분 ~ 1시간 아동 직접 검사 부모 보고
의사소통기능검사	만 1세 이상	의사소통 시 사용하는 기능과 효율성 파악	30분 ~ 1시간 아동 관찰 부모 보고
상징행동발달검사	만 9개월~6세	언어발달 수준과 상징행동발달 단계 비교	30분 ~ 1시간 아동 관찰 부모 보고
파라다이스 유창성검사 (Paradise-Fluency Assessment: P-FA)	만 2~6세	유창성장애 여부와 정도 파악	1시간 이상 아동 직접 검사 부모 인터뷰
조음음운검사 (Urimal-Test of Articulation and Phonology: U-TAP)	만 2~12세	발음 문제 여부 및 정도 파악	30분 아동 직접 검사
자발화 수집 및 분석	만 1~6세	의미관계 및 문법형태소, 어휘 다양도, 문장 성분, 이야기 산출능력 등을 분석하여 발달 차이 비교	30분 ~ 1시간 아동과 놀이 및 대화 상황에서 실시

출처: 충남대학교병원 소아언어치료실(2021).

② 학령기 아동 언어 검사

〈표 8-8〉 학령기 아동 언어 검사

구분	대상	목적	진행과정
수용 · 표현 어휘력 검사 (Receptive and Expressive Vocabulary Test: REVT)	만 2세 6개월~ 16세 이하	이해 및 표현 어휘능력 파악	30분 대상자 직접 검사
구문의미 이해력검사 (KOrea SEntence Comprehension Test: KOSECT)	만 4~9세	구문 이해력 파악	30분 ~ 1시간 대상자 직접 검사
언어문제해결력검사	만 5~12세	논리적인 사고과정을 언어화하는 상위 언어기술 파악	30분 ~ 1시간 대상자 직접 검사
파라다이스 유창성검사 (P-FA)	만 6세 이상	유창성장애 여부와 정도 파악	1시간 이상 ~ 대상자 직접 검사 부모 인터뷰
조음음운 검사 (U-TAP)	만 2~6세	발음 문제 여부 및 정도 파악	30분 대상자 직접 검사

출처: 충남대학교병원 소아언어치료실(2021).

2) 분류

의사소통장애는 음성언어의 분류와 병리적 분류에 따라서 다음과 같이 분류된다.

(1) 음성언어 분류

의사소통장애는 구어장애(speech disorder)와 언어장애(language disorder)로 다음과 같이 분류된다([그림 8-1] 참조).

● 그림 8-1 ● **의사소통의 분류**

① 구어장애

구어장애는 말소리를 산출하거나(조음), 목소리를 조절하거나(발성), 말의 흐름을 유지하는 데(유창성) 있어 어려움을 보이는 장애다. 구어장애는 한 가지 이상의 장애 형태가 중복되어 나타나기도 한다. 구어장애는 음성장애, 조음장애, 유창성장애, 공명장애로 구분된다.

〈표 8-9〉 **구어장애의 구분과 정의**

구분	정의
조음장애 (articulation disorder)	• 조음기관(혀, 입술. 치아, 입천장)을 통하여 말소리가 만들어지는 과정에서의 결함을 나타내는데, 이러한 조음장애를 보이는 아동은 '불명료한' 구어를 사용하게 되므로 해서 결국 의사소통의 문제가 발생함 • 음소를 생략하거나, 다른 음소로 대치하거나, 또는 같은 음소 내에서 소리를 왜곡시키는 조음장애 현상들은 순수 조음장애 아동들뿐 아니라, 정신지체, 청각장애, 구개파열, 뇌성마비 등의 장애인에게서 중복적인 결함으로 나타남(조용태, 1996)
유창성 장애 (fluency disorder)	• 말더듬은 흔히 정상적인 아동이 언어발달을 하면서 일시적으로 거치기도 하고, 또 아동기에 나타났던 말더듬(stuttering) 증상이 성인기까지 지속되는 경우도 있음

	• 말더듬 증상으로는 여러 가지가 있는데, 초기 말더듬 증상은 단어나 음절의 반복이며, 심화되면 중모음 /어/의 반복, 연장, 말의 막힘, 근육의 떨림, 말의 고조와 목소리의 커짐, 긴장과 고통, 두려움, 말의 회피 등이 나타남 • 말더듬은 그 증상이 만성화되면 고치기 어렵고, 본인이 갖는 심적인 고통도 크므로 조기 진단과 조기 중재가 중요함(한국언어재활사협회, 2021)
음성장애 (voice disorder)	• 성대의 이상으로 인한 목소리의 높낮이 문제, 목소리의 크기 문제, 쉰 소리, 거친 소리 등 음성의 질적인 장애 • 정상 음성을 구성하는 4대 매개변수(음도, 강도, 유무성, 음질)와 개인의 성, 연령, 체구, 사회적 환경에 적합하지 않은 비정규적 형태(한국언어재활사협회, 2021). • 음성장애는 기능적 원인, 기질적 원인, 신경학적원인 등으로 발생할 수 있음
공명장애 (resonance disorder)	• 말할 때 구강과 비강이 분리되지 않고 열려 있는 상태에서 공명이 되는 장애 • 말이 산출되기 위해서는 호흡, 발성, 공명, 발음이 적절하게 조화를 이루어야 하는데 이러한 조화가 깨진 상태(삼성서울병원 건강정보, 2021)

② 언어장애

〈표 8-10〉 ICD-10의 언어장애 정의

구분	판정 기준
무음장애 (selective mutism)	• 구어의 결여(absence of verbal language)로 인하여 3세 이후까지도 언어를 이해하지 못하고 자발적으로 언어를 사용하지 않음 • 경우에 따라 소리, 몸짓을 통해 언어 발화 이전 의사소통을 하기도 함
음질장애 (sound quality disorder)	• 발화 시 음질에 문제가 있는 경우임. 변성기 후에 낮은 음도로 내려가거나 억센 소리를 내려 할 때 나타나는 것과 같은 기식성 음성과 거친 소리가 나는 목 쉰소리, 기식화된 소리, 거친 소리 • 말소리나 어휘 발성에 문제가 없는데도 말을 사용하는 방법이 정상적인 말의 사용과 매우 다른 경우 반향어, 사회적 상황에 맞지 않는 의미 없는 말 등 언어의 기능적인 측면에 초점을 맞추고 이해와 표현을 위한 전략을 사용하는 것이 도움됨

언어발달지체 (delayed language)	• 정상적 언어발달을 거치지만 발달 속도가 다른 아동들에 비해 유의하게 느린 경우를 말함 • 언어지체와 함께 전반적인 발달장애가 있거나 언어자극이 부족한 환경에서 성장한 경우에도 발현됨
언어발달간섭 (interrupted language development)	• 후천적 원인으로 질병, 사고, 뇌종양 등으로 인해 청각이나 두뇌 기능 손상되는 경우를 말함

출처: WHO (1993).

(2) 병리적 분류

〈표 8-11〉 **병리적 분류와 원인**

구분	원인	
기질적 원인	실어증 지적장애 뇌성마비 자폐성스펙트럼장애	구개파열 음성장애 청각장애 말더듬
기능적 원인	언어발달지체	발달적 언어지체

출처: Martin (2009).

4. 특성

언어는 인간의 표현 수단으로서 인간은 타인과 상호작용하기 위해 언어화된 말로 의사소통을 하는데, 의사소통장애 아동은 또래 및 성인과의 관계에서 의사가 전달되지 않는 경우 발달적 · 행동적 · 심리적 영향을 받는다(여응광, 2003). 전반적으로 의사소통장애 아동의 장애 심각도, 장애 출현 시기, 장애 진행 정도, 개인의 장애 수용 상태 그리고 개별 인구학적 특성에 따라 인지적 · 신체적 · 심리정서적 그리고 사회적 경향을 일반화하기 어렵다.

1) 인지적 특성

의사소통장애는 지적장애, 학습장애 등의 기타 장애가 복합적으로 공존하는 경우가 많아 지능과 학업성취에서 소아・청소년 표준 평균에서 비장애 아동과 비교하면 학업수행이 능력 낮다. 의사소통장애 아동은 모든 교과목 학습에서 공통으로 필요한 학업 기술인 단어 인지력, 연산능력, 독해력 등에 어려움이 발생함으로 인해 학업성취가 낮아질 가능성 또한 크다.

2) 신체적 특성

신체적 손상의 원인으로 발생하는 기능적 의사소통장애의 경우 비정상적인 반사운동이나 운동 기능의 장애가 나타난다(여웅광, 2003). 정상적인 말을 위해서 필요한 얼굴과 입술 근육의 미세한 움직임을 정확하게 통제하지 못하거나, 외부 정보를 파악하기 위한 시각적・청각적 감각의 상호작용 제한은 외부 정보를 통합하는 총체적인 능력에 방해된다.

3) 심리정서적 특성

의사소통장애 아동은 상대방으로부터 이해받지 못하거나 장애로 인해 창피를 당하거나 열등감을 경험하게 된다. 때로는 말을 제대로 하지 못해서 체벌을 받거나 창피함을 경험할 수도 있으므로 의사소통장애 아동의 자존감은 낮다. 이러한 부정적 경험들은 좌절과 분노를 경험하게 하고, 공격성이나 위축된 행동으로 이어질 수 있다(여웅광, 2003). 보호자의 적절한 애착 형성이 미흡하거나 방임, 방치 등의 아동학대, 그리고 언어소통에서의 부정적 반응은 아동으로 하여금 말을 통한 자신의 요구를 표현하지 않게 될 수 있으며, 외상성 함구증(traumatic mutism)의 주요 원인 중 하나다(정선주, 홍강의, 1995).

4) 사회적 특성

의사소통장애 아동은 타인과 의사소통 상황에서 대화 상대자를 의식함으로써 생겨나는 부담감과 바르게 말해야 한다는 압박감이 말더듬으로 표현된다. 부모의 기대에 미치지 못하는 죄책감과 타인과의 접촉에서 느끼는 수치심과 좌절감, 낮은 자아개념은 아동의 언어 발화를 지연시키는 원인이 된다.

5. 미술심리재활

1) 기본원리

보완 · 대체 의사소통(Augmentative and Alternative Communication: AAC)은 말하기와 쓰기에 심한 장애를 보이는 경우 일시적 혹은 영구적으로 의사소통을 보완해 주는 목적으로 사용한다(Beukelman, & Mirenda, 1998). AAC는 의사소통을 지원하고, 향상시킬 수 있도록 개인의 의사소통에 사용되는 상징(symbol), 보조도구(aids), 전략(strategies), 기법(techniques) 등 시각화된 표현언어를 사용한다(ASHA, 2002). 미술은 시각적 활동 기반인 시각 언어의 표현이다. 미술치료는 의사소통장애 아동의 비언어적 표현언어의 활성화를 통해 타인과의 의사소통 좌절 경험을 긍정화시켜 점진적으로 아동의 자존감을 높인다(Stephenson, 2015). 미술치료는 의사소통장애 아동이 AAC 체계를 학습하는 동안 시각적 표현언어의 일반적인 통사 규칙에서 벗어나 동음이의어나 각운 등을 이용하여 말을 꾸미는 언어유희의 확장까지 기대할 수 있다.

2) 목표 및 기대효과

의사소통장애 아동을 위한 미술치료 목표 및 기대효과는 다음과 같다. 첫째, 미술치료에서 조형적 활동은 의사소통장애 아동의 언어 문제해결 능력, 단서 추측 능력, 해결 추론 능력을 향상하다(조은정, 박선희, 2013). 이는 미술치료가 장애로 비롯된 부정적 경험을 긍정화하여 문제해결의 내적 동기화를 가능하게 한다(조은정, 박선희, 2013). 둘째, 미술치료는 선택적 함묵증(selective mutism) 아동의 언어적 자기표현을 향상하는 데 의미 있는 영향을 준다(기정희, 2013). 셋째, 아동은 성인보다 자유연상의 정도가 떨어져 있어 표현언어인 그림은 언어보다 의사소통을 용이하게 한다(Freud, 1927; Waller, 2006 재인용). 마지막으로, 미술치료는 의사소통을 위한 조음기관 활용, 발성의 질, 어휘 습득 등을 목적으로 한 언어치료(speech therapy)를 받는 아동에게 정서적 안정을 제공할 수 있다. 미술치료는 언어치료 과정에서 위축과 실패에 대한 두려움을 극복할 수 있도록 지원하며 이는 언어치료의 순응과 수용을 높일 수 있다.

참고문헌

기정희(2013). 비미술적 활동을 병행한 미술치료가 선택적 함묵증 아동의 언어적 자기표현에 미치는 영향. **예술심리치료연구, 9**(4), 199-221.

김영태(1996). 소아의 조음장애. **대한후두음성언어의학회지, 7**(1), 106-112.

여웅광(2003). **특수아동의 심리학적 이해**. 서울: 학지사.

정선주, 홍강의(1995). 선택적 함구증 아동의 임상특성 및 치료경과. **소아청소년정신의학, 6**(1), 74-89.

정옥분(2013). **아동발달의 이해**. 서울: 학지사.

조은정, 박선희(2013). 창의적 미술활동 언어중재가 언어장애아동의 언어문제해결능력에 미치는 효과. **언어치료연구**, 22(1), 131-147.

Bloom, L., & Lahey, M. (1978). *Language development and language disorders*.

Han, J., & Namgung, E. (2008). The difference of the college students' perceived stress and stress coping style according to the communication competence, communication amount and depth. *Korean Journal of Child Studies, 29*(1), 325-337.

Martin, D. (2009). *Language disabilities in cultural and linguistic diversity*. Clevedon: Multilingual Matters.

McNamara, B. E. (2009). 현장 중심의 학습장애아동 교육[*Learning disability: bridging the gap between research and Classroom practice*]. (김용욱 외 역). 서울: 시그마프레스. (원전은 2007년에 출판).

Resnick, T. J., Allen, D. A., & Rapin, I. (1984). Disorders of language development: diagnosis and intervention. *Pediatrics in Review, 6*, 85-92.

제9장

(특정)학습장애(정여주)

1. 정의

1) 여러 나라의 정의

(1) 우리나라

「특수교육법」(2007)을 따르는 국립특수교육원(2009)의 학습장애 정의는 "개인의 내적 요인으로 듣기, 말하기, 주의 집중, 지각(知覺), 기억, 문제 해결 등의 학습 기능이나 읽기, 쓰기, 수학 등 학업 성취 영역에서 현저하게 어려움을 나타내는 장애"다. 또한 학습장애는 "다른 장애 조건(감각장애, 정신지체, 정서장애 등)이나 환경 실조(문화적 요인, 경제적 요인, 교수적 요인 등)와 함께 나타날 수 있으나 이러한 조건이 직접적인 학습장애의 원인은 아니다."라고 규정한다.

학습장애는 일반적으로 학습지진과 학습부진이 혼용되는 경우가 많은데, 각각의 정의에 따라 용어 구분이 필요하다. 학습지진은 "지적장애 수준의 지적능력을 가진 것은 아니지만 학습속도가 느리고 학습능력도 평균 수준에 미치지 못하는 상태"며, 학습지진학생은 "지적 능력의 저하로 학습성취가 낮은 학생을 의미한다"(국립특수교육원, 2009). 이에 비해 학습부진은 평균 수준의 지적 능력이 있지만 어떤 원인(예: 정서 및 사회환경적 요인)에 의해 학습능률이 향상되지 못한 채 낮은 학업성취를 보이는 상태며, 학습부진학생은 "지적 능력이나 학습잠재력과 같은 학습 가능성에서 기대되는 만큼 학업성취도가 미치미 못하는 학생이다"(국립특수교육원, 2009).

우리나라 「장애인복지법」에는 과거 법령 및 2021년 개정된 법령에도 학습장애 유형은 존재하지 않는다.

(2) 미국

미국 「장애인교육법(IDEA)」(2021)에서는 학습장애 대신 특정학습장애(Specific Learning Disabilities)라는 용어를 사용한다. 특정학습장애 정의는 "언어, 즉 구어와 문자의 이해와 사용에 포함된 기본적인 심리과정 중의 한 가지 또는 그 이상의 장애를 의미하는 것으로 듣기, 생각하기, 말하기, 읽기, 쓰기, 철자 또는 수학의 불완전한 능력"이다. 특정학습장애에 "지각장애, 뇌손상, 미세뇌기능장애, 난독증의 상태도 포함"된다.

미국학습장애공동협의회(National Joint Committee on Learning Disabilities: NJCLD, 1994)의 학습장애 정의는 "듣기, 말하기, 읽기, 쓰기, 추론하기 또는 수학적 능력을 획득하고 사용하는 데 심한 어려움을 나타내는 이질적인 장애 집단을 의미하는 포괄적 용어"(김동일, 송승현, 전병운, 한경근, 2010 재인용)다. 또한 NJCLD에서는 "자기조절 행동, 사회적 지각 및 사회적 상호작용의 문제가 학습장애와 함께 나타날 수 있지만, 그 자체만으로 학습장애로 간주하지 않는다."라고 부연 제시를 한다.

(3) 영국

영국 정부(2021)는 학습장애(Learning Disability)를 "특수교육필요(Special Educational Needs: SEN) 또는 교육, 건강 및 관리(Education, Health and Care: EHC)에 의해 학습에 장애와 어려움이 있는 사람"으로 지칭한다.

(4) 독일

Bleidick 등(1989)의 정의에 따르면, "학습장애는 정확한 의학적, 심리적, 사회적 진단 특성에서 명확히 규정지을 수 없는 장애"다. Kanter와 Speck(1991)은 학습장애는 "오래 지속되는, 심각하고 포괄적인 학교 성적 장애"로 일반적으로 지능의 저하에서 나타나지만, 지적 장애의 경우처럼 그렇게 심각하지 않다고 한다. Eser(2005)는 "학습장애는 질적으로 자신의, 분명하고 명백한 경계를 정할 수 있는 장애 범주를 형성하지 못한, 협의적 의미에서 지적 장애와 '정상 발달' 사이의 연속체에서 광범위하고 다층적인 경계증후군이다."라고 정의한다. 여기에서 특히 '학습장애' 용어는 특수교육이 필요한 학교 또는 일반 학교에서 특수교육 및 지원 제공에 대한 권리를 결정할 때 실질적으로 중요하다.

2) 의학적 정의

미국정신의학회(APA)의 DSM-5(2013/2015)는 DSM-IV(1994/1995)에서 사용하던 학습장애(learning disorder)를 특정학습장애(specific learning disorder)로 변경하였다. 여기에서는 정의를 제시하기보다 특정 학습장애를 주요 진단 기준인 '읽기 손상, 쓰기 손상, 수학 손상'을 동반하는 범주로 제시한다.

2. 출현율 및 원인

1) 출현율

(1) 장애출현율

학습장애의 출현율은 특수교육에서 가장 광범위한 범주를 지닌다(Bleidick et al., 1989; Heward, 2000/2002; Theunissen, 2016). 그러나 Heward(2000/2002)는 미 교육부 1998년 결과에 따라 미국의 학습장애 출현율을 5%로 제시한다. DSM-5(APA, 2013/2015)에 따르면, 특정학습장애의 출현율은 학령기 아동은 타 언어와 문화권에서 5~15% 정도며, 성인 유병률은 알려지지 않았으나 4% 정도로 추정된다.

(2) 특수교육대상자 출현율

우리나라의 학습장애 출현율은 알려지지 않고 있다. 그러나 특수교육대상자의 비율에는 제시된다. 교육부 국립특수교육원(2022)의 2022 특수교육통계에 따르면, 학습장애 아동은 초중등학교까지 장애영역별 특수교육대상자 전체 103,695명 중에서 1,078명으로 가장 낮은 비율인 1.0%를 차지한다. 연도별 학습장애 학생 비율은 2018년 1.8%, 2019년 1.5%, 2020년 1.3%, 2021년 1.1%로 점차 감소하여 2022년에는 1.0%가 되었다. 우리나라에서 학습장애 특수학교는 따로 설립되지 않았으며, 학습장애 아동은 전국 특수학교(10개교), 특수학급(663학급)과 일반학급(405학급)에서 교육을 받고 있다. 학습장애 아동은 특수교원지원센터에서 제공하는 교육에는 참여하지 못하고 있는 실정이다.

2) 원인

(1) 의학적 원인

학습장애의 정의를 명확히 규정짓기에 어려움이 있듯이, 원인 또한 분명하게 밝혀지지 않고 다양한 원인이 제기된다. DSM-5(APA, 2013/2015)에 따르면, 특정학습장애의 원인은 "생물학적 근원이 있는 신경발달장애"로 본다. 미국학습장애공동협의회(NJCLD, 1994)에서는 "학습장애의 원인은 개인 내에 있고 중추신경계의 기능장애에 기인하는 것으로 보이며, 전 생애에 걸쳐 일어날 수 있다."(Heward, 2002 재인용)라는 입장이다. Heward(2000/2002)는 학습장애의 주요 원인을 뇌손상, 유전, 생물학적 불균형, 환경 요인으로 제시한다. 그 중에 의학적 원인은 다음과 같다.

- 뇌손상: 출생 전, 출생 시, 혹은 출생 후 뇌손상, 중추신경계의 뇌상해 혹은 기능장애다. 그러나 학습현장에 있는 특수교사들은 학습장애를 뇌손

상의 원인에만 연관시키는 것은 '증거 부족과 비효율적 교수법(instruction)'에 의한 것이라고 비판한다.

• 유전적 요인: 학습장애 중 난독증은 유전적 원인이 있으며, 유전 전달의 염색체 문제로 본다. 일차 친족의 특정학습장애가 유전적 요인으로 작용할 가능성이 높다.
• 생물학적 불균형: 아동의 음식물 섭취 중에 색소와 조미료 첨가가 학습장애의 원인으로 작용한다. 이에 따른 학습장애와 식이요법 관련 연구가 효과를 제시하고 있으나 과학적 증거가 부족하다는 논쟁이 있다.

(2) 심리사회적 원인

DSM-5(APA, 2013/2015)에서는 학습장애 진단의 마지막 항목에 "학습의 어려움은 지적장애, 교정되지 않은 시력이나 청력 문제, 다른 정신적 또는 신경학적 장애, 정신사회적 불행, 학습 지도사가 해당 언어에 능숙하지 못한 경우, 불출분한 교육적 지도로 더 잘 설명되지 않는다."라고 제시한다. 이는 타장애에서도 학습장애가 동반되나 이를 특정학습장애의 첫 요인으로 제시하지 않아야 된다는 것이다. DSM-IV(APA, 1994/1995)에서 학습장애를 '정상 범위 내의 학업 성적 이탈'과 '기회박탈, 서투른 교수 방식, 또는 문화적 요인'으로 생기는 학업 문제와 구별해야 한다는 것과 동일한 내용이다. 더불어 학습장애를 제시할 때, 특정 문화의 특징인 인종적, 문화적 배경을 고려하여 진단해야 하는 점을 강조한다.

Heward(2000/2002)가 제시한 학습장애의 네 요인 중에 환경요인으로 열악한 생활 조건, 부모와 의사소통 빈약, 교수법의 질과 유전적 요인과 환경적 요인이 높은 상관관계가 되는 복합적 요인도 학습장애의 원인이 된다. 이러한 환경요인은 나아가 학습장애의 심리적, 사회적 요인과 밀접한 관계가 있다. 예를 들어, Rashid, Morris와 Sevsic(2005)은 심리사회적 요인과 연결되는 경제적 빈곤, 사회적 · 정서적 · 지적으로 빈약한 환경 등의 불이익이 아동의 학습 문제와 높은 상관관계가 있는 것을 입증한다(이소현, 박은혜, 2018 재인용). 이와 관련하여 학습장애 아동에게는 학습 문제를 예방하기 위한 양질의 교수법을 통한 실패감과 좌절감, 소외감을 극복할 수 있는 심리사회적으로 안정된 환경이 중요하다는 것을 알 수 있다.

그러나 이소현과 박은혜(2018)는 다양한 연구조사를 인용하며 학습장애의 심리사회적 요인과 환경적 요인의 상관관계의 규명이 쉽지 않다는 것을 보고한다. 즉, 학습 문제의 원인이 의학적, 생물학적 요인인지 부적절한 학습 경험에 근거하는지에 대한 명확한 증거가 아직 이루어지지 않은 실정이다. 그럼에도 불구하고 학교 폭력, 왕따와 같은 학교환경이 학습장애 아동의 심리적 · 정서적 · 사회적 문제를 더 심각하게 할 수 있다는 점을 인식하여 이에 대한 예방교육과 심리 · 정서 지원을 위한 다양한 치료형태가 필요하다.

3. 판정 및 분류

1) 판정

학습장애의 판정을 위한 진단은 매우 어렵다. 그러나 학교생활에서 학습장애에 대한 진단과 평가는 가능한 한 정확하고 빨리 이루어지는 것이 개인의 다양한 발달영역에 도움이 된다. DSM-5(2013/2015)에 따르면, 특정학습장애는 정규교육과정이 시작된 후에만 진단될 수 있다. DSM-5는 특정학습장애의 진단 기준을 '읽기 손상, 쓰기 손상, 수학 손상을 동반하는 장애'로 제시한다. 이에 따라 진단적 특징, 부수적 특징 및 장애, 특정 문화 특징, 유병률, 감별진단이 서술된다.

DSM-5에서는 특정학습장애의 진단을 다음의 기준에 근거한다. 즉, '읽기, 산술, 쓰기 진단을 위해 개별적으로 시행하는 표준화 검사에 나이, 학교 교육, 지능과 비교해 성적이 수준보다 현저하게 낮게 나오는 상태'다. DSM-5에서는 이러한 네 가지의 진단 항목은 개인의 발달력, 의학적 병력, 가족력, 교육력이 되는 과거력, 학교의 보고, 심리교육적 평가와 통합되는 종합적 임상 진단이 이루어지며, 단일 자료로만 진단할 수 없다고 명시한다. 또한 진단에서 한 가지 이상을 경우 세부 진단을 명시할 것을 제시한다. 예를 들어, 읽기 손상 동반, 쓰기 손상 동반, 수학 손상 동반 등이다.

(1) 판정 기준

DSM-5에서 제시하는 특정학습장애의 진단기준은 〈표 9-1〉과 같다.

〈표 9-1〉 **특정학습장애 진단기준**

구분	진단 기준
A	학습 기술을 배우고 사용하는 데 어려움 있어 적절한 개입을 제공해도 다음의 증상 중 적어도 한 가지 이상이 최소 6개월 이상 지속되어야 한다. 1. 부정확하거나 느리고 힘겨운 단어 읽기(예: 단어를 부정확하거나 느리며 더듬더듬 소리 내어 읽기, 자주 추측하며 읽기, 단어를 소리 내어 읽는 데 어려움) 2. 읽은 것의 의미 이해하기 어려움(예: 본문을 정확하게 읽을 수 있으나 읽은 내용의 순서, 관계, 추론 또는 깊은 의미 이해하지 못함) 3. 철자법의 어려움(예: 자음이나 모음을 추가하거나 생략 또는 대치) 4. 쓰기 어려움(예: 한 문장에 다양한 문법적, 구두점 오류, 문단 구성 엉성함, 생각을 글로 표현하는 명료성 부족) 5. 수 감각, 단순 연산값 암기 또는 연산 절차의 어려움(예: 숫자의 의미, 수의 크기나 관계에 대한 이해 빈약, 한 자릿수 덧셈에 또래들처럼 단순 연산값의 기억력 이용하지 않고 손가락 사용, 연산 진행이 안 되거나 과정을 바꿔 버림) 6. 수학적 추론의 어려움(예: 양적 문제를 풀기 위해 수학적 개념, 암기된 연산값 또는 수식 적용하는 데 심각한 어려움을 겪음)
B	• 보유한 학습 기술이 개별적으로 실시한 표준화된 성취도 검사와 종합적인 임상 평가를 통해 생활연령에 기대되는 수준보다 현저하게 양적으로 낮으며, 학업적 · 직업적 수행이나 일상생활의 활동을 현저하게 방해한다는 것이 확인되어야 함 • 17세 이상인 경우 학습의 어려움에 대한 과거 병력이 표준화된 평가를 대신할 수 있음

C	• 학습의 어려움은 학령기에 시작되나 해당 학습 기술을 요구하는 정도가 개인의 능력을 넘어서는 시기가 되어야 분명히 드러날 수도 있음(예: 주어진 시간 안에 시험 보기, 길고 복잡한 리포트를 촉박한 마감 기한 내에 읽고 쓰기, 과중한 학업 부담)
D	• 학습의 어려움은 지적장애, 교정되지 않은 시력이나 청력 문제, 다른 정신적 또는 신경학적 장애, 정신사회적 불행, 학습 지도사가 해당 언어에 능숙하지 못한 경우, 불충분한 교육적 지도로 더 잘 설명되지 않음

출처: APA (2013/2015).

특정학습장애 진단 시 주의해야 할 앞선 네 가지의 진단 기준은 개인의 과거력(발달력, 의학적 병력, 가족력, 교육력), 학교의 보고와 심리교육적 평가 결과를 임상적으로 통합하여 판단해야 한다.

부호화 시 주의해야 할 점은 손상된 모든 학업 영역과 보조 기술을 세부화하며, 한 가지 이상의 영역에 손상이 있는 경우 세부 진단에 따라 개별적으로 부호화한다. 부호화로 명시할 내용은 〈표 9-2〉와 같다(APA, 2013/2015).

〈표 9-2〉 **특정학습장애 부호화 명시 사항**

315.00(F81.0) 읽기 손상 동반	단어 읽기 정확도 읽기 속도 또는 유창성 독해력
	주의점: 난독증(dyslexia)은 정확하거나 유창한 단어 인지의 어려움, 해독 및 철자 능력의 부진을 특징으로 하는 학습장애의 한 종류를 일컫는 또 다른 용어. 이러한 특정한 패턴의 어려움을 난독증이라고 명명한다면, 독해나 수학적 추론과 같은 부수적인 어려움이 동반되었는지 살펴보고 명시하는 것이 중요
315.2(F81.81) 쓰기 손상 동반	철자 정확도 문법과 구두점 정확도 작문의 명료도와 구조화

315.1(F81.2) 수학 손상 동반	수 각각 단순 연산값의 암기 계산의 정확도 또는 유창성 수학적 추론의 정확도
	주의점: 난산증(dyscalculia)은 숫자 정보 처리, 단순 연산값의 암기와 계신의 정확도와 유창도 문제의 어려움을 특징짓는 또 다른 용어. 이러한 특수한 패턴의 수학적 어려움을 난산증으로 명명한다면, 수학적 추론이나 단어 추론의 정확성과 같은 부수적인 어려움이 동반되었는지 살펴보고 명시하는 것이 중요

우리나라의 국립특수교육원(2009)에 따르면, 학습장애 유형을 학습장애 발현 시점에 따라 두 가지인 발달적 학습장애와 학업적 학습장애로 분류한다.

- 발달적 학습장애(developmental learning disabilities): 학령 전기 아동 중 학습과 관련된 학습 기능에 현저한 어려움을 보이는 아동으로 구어장애, 주의집중장애, 지각장애, 기억장애, 사고장애 등으로 나타날 수 있다.
- 학업적 학습장애(academic learning disabilities): 학령기 이후 학업과 관련된 영역에서 현저한 어려움을 보이는 경우로 읽기장애, 쓰기장애, 수학장애 등으로 나뉜다.

(2) 진단 도구 및 진단평가

학습장애의 정의와 원인이 다양하고 명확하지 못한 근거로 인하여 진단 도구 또한 지속적으로 논란의 여지를 안고 있다. 진단 도구마다 단점이 있어 논란은 계속되지만, 이를 해결하기 위한 다양한 시도도 연구되고 있다. 구체적으로 인지기술적인 면에서 작업기억, 명명속도, 주의력 등 학습장애의 하위 영역으로 읽기 외에 구어, 쓰기, 수학, 추론 등의 영역별 인지기술 연구 등이 있다(김원경 외, 2008; 이미숙 외, 2018; APA, 2013/2015; Heward, 2000/2002). 학습장애 진단 평가 및 도구로 가장 많이 사용되는 방법은 다음과 같다.

① 능력-성취 간 불일치 모델

학습장애가 있는 학생의 학업성취가 기대 수준에 못 미쳐 능력-성취 간 불일치를 보인다는 것을 진단하기 위해 지적 능력과 학업성취 점수를 사용한다. 이 모델은 학교 현장에서 많이 사용되는 모델이지만, 이론과 실제 적용에서 상관관계가 완벽하지 않아 진단 결과 또한 일관되지 못하다는 비판을 받는다. 또한 시각-운동 능력 진단과 비공식 읽기 검사도 포함된다.

- 지능검사: 한국 웩슬러 아동 지능검사-5판(Korean Wechsler Intelligence Scale for Children-Fifth Ed.: K-WISC-V): 만 6세~만 16세 11개월 아동
- 학업 성취 진단 검사: 학습영역 진단으로 KISE 기초학력검사(읽기, 쓰기, 수학), 학습준비도검사, 기초학습기능검사, 심리교육검사, 종합성취도검사 등
- 시각-운동능력 진단 검사: 시지각발달 검사, 지각-운동 발달 검사, 시각-운동 통합발달 검사 등
- 비공식 읽기 검사

② 중재-반응모델

학습장애의 진단으로 학생에게 중재를 제공하여 학생이 보이는 반응의 여부에 따라 학습장애의 적격성을 진단하는 모델(Responsiveness To Intervention: RTI)로 3단계 중재로 이루어진다.

- 1단계: 모든 학생에게 지원
- 2단계: 학업문제의 위험이 있는 소집단 지원
- 3단계: 고위험 학업문제가 있는 학생에게 전문적이고 집중적이며 개별화된 지원

이 단계의 학생은 잠재적 학습장애로 판단되어 정밀한 진단절차를 받는다.

중재-반응 모델은 능력-성취 간 불일치 모델보다 바람직한 대안적 모델이지만, 현실적 한계가 많으며 타당성의 문제를 안고 있다.

2) 분류

특정학습장애의 심각도 정도는 DSM-5에서 경도, 중등도, 고도로 분류하며, 세부 내용은 〈표 9-3〉과 같다.

〈표 9-3〉 **특정학습장애 심각도 정도**

심각도 정도	내용
경도	한 가지 또는 두 가지 학업 영역의 학습기술에 약간의 어려움이 있으나 적절한 편의나 지지 서비스가 제공된다면(특히 학업 동안), 개인이 이를 보상할 수 있고 적절히 기능할 수 있을 정도의 경미한 수준
중등도	한 가지 또는 두 가지 학업 영역의 학습기술에 뚜렷한 어려움이 있으며, 그로 인해 학업 기간 동안 일정한 간격을 두고 제공되는 집중적이고 특수화된 교육 없이는 능숙해지기 어려움. 활동을 정확하고 효율적으로 완수하기 위해서는 적어도 학교나 직장, 집에서 보내는 시간의 일부 동안이라도 편의와 지지 서비스가 제공되어야 함
고도	여러 학업에 영향을 끼치는 학습기술에 심각한 어려움이 있으며, 그로 인해 대부분의 학업 기간 집중적이고 개별적이며 특수화된 교육이 지속되지 않는다면 이러한 기술을 습득하기 어려움. 가정, 학교, 직장에서 일련의 적절한 편의와 서비스를 제공받았음에도 모든 활동을 효율적으로 수행하지 못할 수도 있음

출처: APA (2013/2015).

4. 특성

학습장애 아동의 특성은 다른 장애처럼 개인마다 다른 경우가 많다. 예를 들어, 한 영역에서는 결함이나 미숙함을 보이지만 다른 영역에서는 정상 발달로 큰 성과를 나타내기도 한다. 명칭에서 알 수 있듯이, 학습장애는 일반적으로 학교 교육 시기에 발견되고 나타난다. 학습장애 아동의 특성을 인지적 · 학업적 특성과, 신체적 특성, 심리정서적 특성과 사회적 특성을 살펴보면 다음과 같다(김동일 외, 2010; 이소현, 박은혜, 2018; APA, 2013/2015; Bender, 2008; Bleidick et al., 1989; Kephart, 1977).

1) 인지적 · 학업적 특성

- 특정 학습장애는 생물학적 근원의 신경발달장애로 인지적 수준의 이상에 근거함
- 학업적 특성
  - –학업에 가장 큰 어려움 겪음(예: 단기 기억력, 집중력, 지구력 문제)
  - –논리적 · 인지적 전략 어려움(예: 육하원칙에 따른 전략 구성의 논리적 전개 문제)
  - –보유한 학습 기술에 대한 개인적 수행이 평균연령보다 낮음
  - –문제 특성 증거는 "학교기록부, 아동평가 포트폴리오, 교육과정 중심 평가나 임상적 면담"(APA, 2013/2015)에 근거함
  - –학업에 필요한 기술 회피
  - –교과목에 국어(읽기, 쓰기, 말하기, 듣기)와 수학(수학개념 습득 정도 낮음, 셈하기와 추론과 문제나 지시문 이해 어려움에서 한 가지 이상 문제)에 어려움이 있으나 다른 과목은 문제가 나타나지 않는 경우에 존재함(예: 읽

기에서 단어나 문장 일부분 생략이나 추가, 단어를 바꾸어 읽기 등)

- 글읽기 속도와 정확성의 문제, 글 이해능력의 문제, 글자 크기, 간격, 띄어쓰기, 소리 나는 대로 쓰기, 구두점 사용 문제, 철자법, 없는 단어 첨가나 글자 등에 받침 생략 등의 문제
- 글쓰기에 맥락 없는 내용의 출현, 논리적 전개의 문제 등으로, 학년이 올라갈수록 다른 과목까지 영향을 받음
- 기초 과목뿐만 아니라 거의 모든 과목에 학습의 어려움 보임

2) 신체적 특성

- 신체나 신체 일부의 움직임에 근육 긴장이 많은 편
- 일부 장애아동은 균형감각과 운동의 불균형이 보이는 편
- 눈과 손의 협응에 어려움이 있고 집중도가 낮은 경향
- 산만하고 돌발적이며, 과잉행동 경향

3) 심리정서적 특성

학습장애 아동의 심리정서적 관점의 특성을 평균적 · 일반적으로 제시하는 것은 어렵다. 그러나 이러한 특성은 가족과 사회문화적 특성과 밀접한 관련이 있다. 학습장애 아동의 심리정서적 특성은 다음과 같다.

- 낮은 자존감 및 자기 효능감, 무기력감, 위축감, 낮은 자아개념, 공격성, 우울감, 낮은 공감능력, 낮은 학습 동기유발, 빠른 좌절감 및 좌절감 극복의지 빈약, 불안, 자살사고 등
- 주의력 결핍, 산만함, 과잉행동, 충동성, 계획성 미비, 단기기억 어려움, 과제회피, 동기유발의 문제, 수행능력 지체 등

• 낮은 학업성취, 높은 고등학교 자퇴율, 낮은 고등교육 과정 참여율, 높은 심리적 스트레스, 사회관계 유지의 미숙함 등이 전반적인 정신건강 문제로 악화

4) 사회적 특성

학습장애는 모든 유형의 장애 중에 특히 사회적 요인과 더 많은 맥락을 가진다. 학습장애인의 대표적인 사회적 특성은 '미숙한 상호관계 능력' '또래관계 어려움' '상황과 인간관계에서의 부적절한 판단 및 접근'으로 제시된다. 이에 사회적 관점을 본질적 · 일차적 · 사회적 환경, 사회문화적 환경, 사회경제적 환경, 사회적 추가과정과 사회적 기본구조로 살펴본다.

• 본질적 · 일차적 · 사회적 환경: 부모의 잘못된 교육, 특히 어린아이의 '보금자리의 따뜻함'의 욕구인 정서적 보살핌, 안전과 신뢰 태만, 부모의 과도한 욕심으로 인한 의욕저하나 낙담이나 불완전한 가족, 보육원 등에 있는 아동들은 학습장애 가능성 더 높음
• 사회문화적 환경: 가정에서 지적 활동 자극, 성취 동기, 언어 형태, 놀잇감, 운동감각적 자극의 제공 결여나 부모의 직업관과 성취의욕의 문제 등
• 사회경제적 환경: 부모의 저소득, 전문성이 낮거나 불규칙한 직업, 좁은 집, 많은 형제자매, 부적절한 위생상태 등
• 사회적 추가과정: 사회적 환경에서 유발된 학습장애라는 낙인이 학습장애 아동의 학습능력 악화
• 사회적 기본구조: 학습장애와 다른 장애유형, 장애인에 대한 사회의 편견, 차별, 방어가 장애의 문제를 악화시키는 데 중요한 원인 제공

5. 미술심리재활

1) 기본 원리

학습장애 아동에 대한 미술심리재활의 기본 원리는 다음과 같다.

- 아동의 전인적 성장을 기본 목표로 하며, 미술활동이 인지적 · 심리적 · 정서적 · 사회적 발달과 성취의 주 영역으로 이루어진다.
- 개인화와 자기분화의 방향을 고려한다.
- 학습에 대한 관심과 건강한 학교 생활과 사회생활을 영위하는 것에 초점을 맞춘다.
- 미술활동의 개별화, 단순화, 반복성, 구체성, 용이성에서 복잡성 단계의 원리에 근거한다.
- 학습장애 아동의 미술심리재활은 초등학교 내 미술치료와 학교 밖 영역을 포함한다.
- 학습장애 아동이 가정, 학교와 사회에서 겪는 어려움을 돕기 위해 교육과 부모상담과 타 치료 영역과 밀접한 연계를 가진다.
- 미술심리재활의 과정과 평가는 부모, 교사, 타 교육기관 실무자와 공유할 수 있다.
- 아동의 실제 상태에 근거하며, 개별, 소집단, 중집단, 나아가 통합집단이 운영된다.

2) 목표 및 기대효과

학습장애 아동에 대한 미술심리재활의 목표 및 기대효과는 다음과 같다.

- 아동의 인지력, 운동감각, 공간감각, 통합력을 향상한다.
- 집중력, 융통성, 자발성, 통제력, 자기표현력을 함양한다.
- 긍정적 자기인식과 개방성, 의사소통 능력을 향상한다.
- 흥미 유발, 유희성, 실험성, 즉흥성, 사고와 행위의 맥락성을 경험한다.
- 심리적 · 정서적 표현을 확장한다.
- 문제행동의 감소와 갈등 상황에 대한 대처능력을 향상한다.
- 만족감, 성취감, 자신감, 즐거움과 심리적 해방감과 안정감을 경험한다.
- 건강한 정체성 수립과정을 경험하며, 자아존중감을 함양한다.
- 관계성 및 타인 신뢰감과 사회적 적응력을 함양한다.
- 비장애 아동과 통합활동의 기회를 확장한다.

참고문헌

김동일, 송승현, 전병운, 한경근(2010). **특수교육학 개론**. 서울: 학지사.

김일명, 김원경, 조홍중, 허승준, 추연구, 윤치연, 박중휘, 이필상, 문장원, 서은정, 유은정, 김자경, 이근민, 김미숙, 김종인, 이신동(2013). **최신특수교육학**(제3판). 서울: 학지사.

이미숙, 구신실, 노진아, 박경옥, 서선진(2018). **예비교사를 위한 특수교육학개론**(2판). 서울: 학지사.

곽금주(2021). **K-WISC-V 이해와 해석**. 서울: 학지사.

교육부 국립특수교육원(2021). 2021 특수교육통계.

국립특수교육원(2009). **특수교육학 용어사전**. 서울: 하우출판사.

이소현, 박은혜(2018). **특수아동교육**. 서울: 학지사.

American Psychiatric Association (1995). **정신장애의 진단 및 통계 편람(DSM-4)** [*Diagnostic and Statistical Manual of Mental Disorders, Fourth*], (이근후 역). 서울: 하나의학사. (원전은 1994년에 출판).

American Psychiatric Association (2015). 정신질환의 진단 및 통계 편람(DSM-5) [*Diagnostic and Statistical Manual of Mental Disorders, Fifth*]. (권준수 외 역). 서울: 학지사. (원전은 2013년에 출판).

Bender, W. (2008). *Differentiating instruction for students with learning disabilities* (2nd ed.). Thousand Oaks, CA: Corwin Press.

Bleidick, U., Hagemeister, U., Kröhnert, O., von Pawel, B., & Rath, W. (1989). *Einführung in die Behindertenpädagogik II*. Stuttgart: Kohlhammer Verl.

Eser, K. H. (2005). Lernbehinderung, die Behinderung „auf den zweiten Blick" – oder: Sind (junge) Menschen mit Lernbehinderung überhaupt behindert? *Berufliche Rehabilitation*, *19*(4), 131-153.

Heward, W. L. (2002). 특수교육학 개론[*Exceptional Children:An Introduction to Special Education*]. (김진회 외 역). 서울: 학지사. (원전은 2000년에 출판).

Kanter, G. O., & Speck, O. (1991). *Pädagogik der Lernbehinderten*(Bd. 4). Berlin: Ed. Marhold im Wiss.-Verl.

Kephart, N.C. (1977). *Das lernbehinderte Kind im Unterricht*. München: Ernst Reinhardt Verlag.

Theunissen, G. (2016). *Geistige Behinderung und Verhaltensauffälligkeiten*. Bad Heilbrunn: Julius Klinkhardt Verlag.

https://www.gov.uk/government/publications/people-with-learning-disabilities-in-england/chapter-1-education-and-childrens-social-care-updates#people-with-learning-disabilities-in-england(2021. 04. 26)

미국 장애인교육법(IDEA, 2021. 4. 26.). https://sites.ed.gov/idea

미국학습장애공동협의회(NJCLD, 1994). https://njcld.org

제10장

건강장애(정유진)

● 세계 소아암의 날 ●

2001년 소아청소년암국제협력(Childhood Cancer International: CCI)가 소아암을 앓고 있거나 앓은 경험이 있는 아동 · 청소년, 그리고 그 가족이 직면한 문제에 대한 사회적 인식을 높이기 위해 매년 2월 15일을 '세계 소아암의 날'로 지정함.

1. 정의

1) 「특수교육법」 정의

(1) 우리나라

건강장애는 「특수교육법」에서 명시한 특수교육대상자 범주 중 하나로, "만성질환으로 인하여 3개월 이상의 장기입원 또는 통원치료 등 계속적인 의료적 지원이 필요하여 학교생활 및 학업 수행에 어려움이 있는 사람"을 의미한다.

「초 · 중등교육법 시행령」에 따르면, 우리나라의 교육기관은 학업이수 의무수업일수를 190일 이상으로 규정하고 당해 연도 수업일수의 2/3 이상을 충족하지 못할 시 유급 대상이 된다. 이러한 기준은 장기간의 의학적 치료가 필요한 건강장애 학생들을 유급의 위기에 처하게 하므로, 이들을 특수교육대상자로 분류하는 것은 건강장애 학생들에게 필요한 교육을 지원하는 법적인 근거가 될 수 있다. 실제 건강장애가 특수교육대상자에 포함되면서 건강장애 학생들을 위한 교육적 지원의 범위가 확장되어 병원학교와 원격수업기관 등을 통해 학생 수준에 적합한 교육을 제공하며, 이를 통한 수업 참여 시간도 출석시간으로 인정하고 있다(나인정 외, 2019). 2022년 기준으로 총 36개의 병원학교가 운영되고 있으며, 월 평균 이용 건강장애 학생 수는 515명이다(교육부, 2022b).

(2) 미국

미국의 「장애인교육법(Individuals with Disabilities Education Act)」에서는 건강장애를 기타건강장애(Other health impairment)로 구분하며 다음과 같이 정의한다.

(ⅰ) 천식, 주의력결핍 또는 주의력결핍과잉행동장애, 당뇨증, 뇌전증, 심잘질환, 혈우병, 납중독, 백혈병, 신장질환, 류마티스열, 겸상적혈구빈혈증, 그리고 뚜렛 증후군과 같은 만성 또는 급성의 건강문제로 인하여,(ⅱ) 아동의 교육적 수행에 불리한 영향을 미치는, 환경적 자극에 대한 각성의 증가를 포함하여 교육 환경에 대한 제한된 각성을 초래하는 한정된 체력, 활동성 또는 각성을 가지는 것을 의미한다.

(3) 독일

독일은 건강장애아동에 대하여 환아(Kranke)라는 용어로 대신하고 있으며, 장기간의 질병 혹은 일정한 간격으로 병원이나 이와 유사한 의료기관에 입원하여 치료를 받아 학교를 다닐 수 없는 학생으로 정의한다(교육부, 2018).

건강장애에 해당되는 질병으로는 심장질환 및 심장손상, 폐 및 호흡기 질환, 알레르기, 천식, 혈우병, 신장질환, 신진대사질환, 류머티즘, 악성종양, 백혈병, 주의력결핍과잉행동장애, 심신증, 언어발달지체, 아스퍼거 증후군과 기타 정서장애가 있으며, 4~6주 이상의 입원 및 치료를 필요로 하고 그로 인하여 학교 재학에 어려움을 가지는 학생들은 모두 병원학교에서 교육적 지원을 받을 수 있다(김기흥, 2007).

2) 「장애인복지법」 정의

「장애인복지법」에는 건강장애라는 영역을 따로 구분하고 있지 않으나, 「특수교육법」의 기준을 적용하였을 때 해당되는 「장애인복지법」상의 장애 유형은 신장장애, 심장장애, 호흡기장애, 간장애, 안면장애, 장루 · 요루장애 그리고 뇌전증장애다(〈표 10-1〉 참조).

〈표 10-1〉 건강장애에 해당하는 「장애인복지법」상의 장애와 판정

분류	판정 기준
신장장애인	신장의 기능장애로 인하여 혈액투석이나 복막투석을 지속적으로 받아야 하거나 신장 기능의 영속적인 장애로 인하여 일상생활에 상당한 제약을 받는 사람
심장장애인	심장의 기능부전으로 인한 호흡곤란 등의 장애로 일상생활에 상당한 제약을 받는 사람
호흡기장애인	폐나 기관지 등 호흡기관의 만성적 기능부전으로 인한 호흡기능의 장애로 일상생활에 상당한 제약을 받는 사람
간장애인	간의 만성적 기능부전과 그에 따른 합병증 등으로 인한 간 기능의 장애로 일상생활에 상당한 제약을 받는 사람
안면장애인	안면 부위의 변형이나 기형으로 사회생활에 상당한 제약을 받는 사람
장루·요루장애인	배변기능이나 배뇨기능의 장애로 인하여 장루(腸瘻) 또는 요루(尿瘻)를 시술하여 일상생활에 상당한 제약을 받는 사람
뇌전증장애인	뇌전증에 의한 뇌신경세포의 장애로 인하여 일상생활이나 사회생활에 상당한 제약을 받아 다른 사람의 도움이 필요한 사람

「장애인복지법」은 원인질환명에 의한 분류가 아닌 기능상의 장애를 판정하기 위한 기준을 제시한다. 따라서 건강장애는 〈표 10-1〉에서 언급된 질환 외에도 다양한 질병을 포함하며, 특히 소아암의 비중이 높다. 주요 소아암은 백혈병, 뇌 및 중추신경계, 비호지킨 림프종(non-Hodgkin's lymphoma), 뼈 및 관절연골암, 중피성연조직암 등이 있다(보건복지부, 2021).

2. 현황, 분류 및 원인

1) 출현율

(1) 장애 출현율

2022년 특수교육통계에 따르면, 전체 특수교육대상자 103,695명 중에서 건강장애아동은 1,948명으로 전체의 1.9%를 차지하고 있다. 연도별 장애영역별 학생 현황에 따르면, 건강장애아동은 2018년부터 2022년까지 지난 4년간 1,758명(1.9%)에서 1,948명(1.9%)로 비슷한 비율을 보인다. 「장애인복지법」상의 건강장애 관련 장애(신장장애, 심장장애, 호흡기장애, 간장애, 안면장애, 장루 · 요루장애, 뇌전증장애) 출현율은 전체 등록 장애아동 수의 0.1~0.5%를 차지한다(보건복지부, 2022). 건강장애의 대표적인 질환은 소아암이며, 국내의 0~14세 소아암 유병률은 약 1.1%다. 소아암의 가장 일반적인 형태는 백혈병으로, 전체 소아암의 33.7%를 차지한다(보건복지부, 2021). 2019년 통계청의 사망원인 통계자료에서 1~9세의 사망원인 1위는 암을 의미하는 '악성신생물'로 보고되었다. 소아암은 조기 발견이 어려워 진행된 상태에서 발견되는 경우가 많기 때문에 위험성이 높지만, 같은 종류의 암이라도 성인에 비하여 치료 예후가 좋으며 백혈병의 경우 80~90%의 완치율을 보인다(대한소아재활, 발달의학회, 2021).

2) 분류 및 원인

(1) 신장장애

신체 내의 노폐물을 제거하여 적절한 수분과 전해질을 보유할 수 있도록 조절하는 기관인 신장의 기능 이상으로 인해 일상생활 활동에 어려움을 가져오며, 장기간 신장 기능을 대신하는 치료가 필수적인 상태를 말한다.

(2) 심장장애

관상동맥 질환인 협심증, 심근경색, 심부전, 선천성 심장 기형, 심장 판막증, 부정맥 등으로 심장이 더 이상 정상적인 기능을 하지 못하는 상태를 말한다. 소아 심장장애의 원인이 되는 질환으로는 선천성 심장질환, 류머티스성열, 심부전, 부정맥 등이 있다.

(3) 호흡기장애

폐나 기관지 등 호흡기관의 만성적 기능부전으로 집안에서의 이동 시나 보행 시에도 호흡 곤란이 있다.

(4) 간장애

만성 간질환으로 간성뇌증 병력이나 자발성 세균성 복막염 등의 병력이 있는 상태를 말한다.

(5) 안면장애

구순구개열, 얼굴 한쪽이 제대로 성장하지 못하는 반안면왜소증, 안와골과 상악골이 성장하지 못하는 크루존병(Crouzon's disease) 등이 있다. 선천적으로 음식섭취 및 호흡과 관련한 중요 구조에 변형 동반하는 경우가 많다.

(6) 장루 · 요루장애

하행 또는 에스결장루를 가지고 있으면서 배뇨기능에 장애가 있는 상태를 말한다.

(7) 뇌전증

뇌세포가 과도한 전기를 방출시켜 발생하는 중추신경계 질환이다. 뇌에서 전기에너지가 비정상적으로 방전되면 경련 또는 발작을 일으키게 된다.

(8) 소아암

가장 일반적 형태인 백혈병은 미성숙한 림프세포의 통제 불가능한 성장과 증식으로 인해 적혈구 수가 감소하고, 백혈구 수가 증가하는 혈액 형성 조직의 질병이다.

3. 판별

1) 판별

(1) 판별 기준

건강장애는 다음의 세 가지 조건을 모두 갖춘 경우에 특수교육운영위원회에서 개별 학생의 의료적 진단 및 교육적 진단을 고려하여 선정한다. 만성질환으로 관리가 필요하나 학교에 정상적으로 출석이 가능하고, 특수교육 지원이 요구되지 않는 경우에는 건강장애 특수교육대상자로 선정되지 않는다. 건강장애 선정 조건은 다음과 같다.

- 만성질환 치료를 위한 장기 의료처치가 요구되어
- 연간 수업일수의 3개월 이상 결석 및 이로 인해 유급 위기에 처해 있는 학생으로
- 학교생활 및 학업수행에 어려움이 있어 특수교육 지원이 요구되는 학생

국립특수교육원(2009)의 '특수교육대상아동 선별검사'에서는 건강장애를 지닌 특수교육대상아동에 대하여 다음과 같은 문항을 제시한다.

Ⅰ. 전문의로부터 만성질환으로 진단을 받은 적은 없지만, 건강상의 문제가 일상생활이나 학습 장면에 부정적인 영향을 주는 상태가 6개월 이상 지속되거나 연 30일 이상의 학업결손이 있는 경우

① 악성빈혈, 허약, 특이체질 등 건강상의 문제로 인하여 결석이 매우 잦아 학업 결손이 심하다.

② 건강상의 문제로 인하여 체육활동이나 야외학습활동 등의 참여에 어려움이 많다.

③ 잦은 질병으로 인하여 장기간에 걸쳐 약물을 복용하고 있다.

④ 전문의로부터 특정 운동 및 활동 등에 대한 제약 소견을 받고 있다.

⑤ 배변이나 배뇨 기능의 문제로 장루나 요루에 시술을 받아 일상생활이나 학습 장면에서 상당한 어려움을 겪어 학교에서 지속적인 특별건강관리 절차나 전문적인 의료적 도움이 필요하다.

⑥ 생명력과 활동에 필요한 전문적인 의료적 처치에 지속적으로 의존한다.

Ⅱ. 전문의로부터 아래와 같은 만성질환으로 진단 받은 경우

① 심장병으로 3개월 이상의 장기입원 또는 통원치료 등 지속적인 전문 의료적 지원이 필요하다.

② 신장병(염)으로 3개월 이상의 장기입원 또는 통원치료 등 지속적인 전문 의료적 지원이 필요하다.

③ 간질환으로 3개월 이상의 장기입원 또는 통원치료 등 지속적인 전문 의료적 지원이 필요하다.

④ 뇌전증이나 천식으로 진단 받아 3개월 이상의 장기입원 또는 통원치료 등 지속적인 전문 의료적 지원이 필요하다.

⑤ 소아암, AIDS, 혈우병, 백혈병, 소아당뇨로 진단받아 3개월 이상의 장기입원 또는 통원치료 등 지속적인 전문 의료적 지원이 필요하다.

⑥ 위에 해당하는 것 이외의 만성 질환을 전문의로부터 진단받아 3개월 이상의 장기입원 또는 통원치료 등 지속적인 전문 의료적 지원이 필요하다.

4. 특성

건강장애는 다양한 질병 유형을 포괄하기 때문에 질병특성에 따라 개인별 차이가 매우 상이하다. 본 단락에서는 질병에 따른 특성과 장기간 치료에 의해 타 장애와 구분되는 건강특성을 중심으로 설명하고자 한다.

1) 인지적 특성

건강장애아동은 질병 자체로 인하여 학업수행과 집중에 어려움을 겪기도 하고, 치료과정에서 장기간 약물복용, 스테로이드 복용 등으로 인한 주의력 결핍 및 인지처리과정의 손상을 입기도 한다(류신희, 김정연, 2008; Thies, 1999). 대표적인 예로, 소아당뇨에서 1형 당뇨병과 연관된 혈당변동은 아동의 뇌 성장에 부정적인 영향을 주어 인지기능장애를 일으킬 수 있으며(Aye, et al., 2019), 백혈병의 치료적 과정에서 방사선과 화학요법은 기억과 학습, 주의력과 집중력, 정보처리 속도 등과 관련한 인지기능 저하 위험요인으로 작용할 수 있다(김성준, 2015; Hill, et al., 1997; Moyer et al, 2012; Cousens et al., 1991). 또한 건강장애아동의 치료과정에서 공통적으로 나타나는 '피곤함'은 학업수행에 지장을 주고, 학교생활 적응에 방해가 되는 요인이 된다(류신희, 김정연. 2008).

건강장애 아동은 만성적이고, 생명을 위협하는 질병에 의해 정기적이고 지속적인 의학적 지원이 요구된다. 장기간의 결석은 학업능력의 저하를 가져오고 학교생활 단절에 따른 불안과 스트레스를 초래하기도 한다. 2005년에 「특수교육진흥법」이 개정되며 법적으로 특수교육 대상자에 건강장애가 포함되면서, 건강장애 아동의 제한적인 학습의 기회를 보완하고자 병원학교가 활발하게 운영 중에 있다(김은주, 2013). 병원학교는 입원 학생들의 개별적인 교육적 요구에 맞춤 서비스를 제공하며, 입원 중에도 또래들과 같은 교육을 받을 수 있도록 하는 데 목적을 둔다. 우리나라의 경우, 1999년 서울대학교병원을 시작으로, 2022년 현재, 서울 9개 병원학교의 이용자 365명 포함, 전국의 총 36개 기관에서 월평균 515명의 건강장애 학생들이 서비스를 이용하고 있으며, 병원학교 외에도 한국교육개발원 등 세 곳에서 운영 중인 원격수업 시스템을 이용하는 건강장애 학생들은 월평균 2,010명인 것으로 분석되었다(교육부, 2021b).

2) 신체적 특성

건강장애의 가장 큰 비중을 차지하는 소아암의 경우, 성인암에 비해 강력하고 집중적으로 치료하는 것으로 알려져 있다. 일반적으로 항암화학요법, 수술, 조혈모세포 이식, 방사선치료 등을 병용하는 복잡한 치료과정을 거친다(교육부, 2016). 오랜 기간 동안 질병을 이겨 내기 위해 신체적으로 많은 소진을 경험하며, 특히 항암화학요법, 방사선치료, 장기간 약물 복용 등으로 인한 부작용도 개인마다 다양한 것으로 보고된다. 가령, 알아듣기 힘든 불분명한 발음, 수업 시간에 집중하지 못하고 졸려하는 모습은 병과 치료로 인한 부작용일 수 있다. 또한 치료를 마친 후에는 합병증으로 인한 문제를 겪는 것으로 보고된다.

3) 심리정서적 특성

건강장애에 대한 심리적 반응은 아동의 발달수준, 환경과 기질 등에 영향을 받는다. 영아기는 만성장애라는 개념을 갖지 못하는 대신 보호자와의 분리불안, 통증에 따른 불편감을 느낄 수 있으며, 아동기는 일상적인 학교생활과 또래관계에서 직접적인 제약을 경험할 수 있고, 청소년기는 다른 사람과 비교하여 신체적 차이를 경험함으로써 소외감과 좌절감, 두려움을 경험하며 심리정서적 차이를 보이는 것으로 나타났다(홍강의, 2014). 만성질환을 겪는 아동들은 질병이나 치료의 부작용으로 체중 증감이나 탈모 등 신체상의 변화를 겪을 수 있으며 이는 부정적인 신체상, 심한 열등감, 낮은 자긍심, 자기 비하의 원인이 되기도 한다(교육부, 2018). 또한 이들이 지각하는 스트레스가 지속적이고 장기적인 데 비하여 스트레스 대처에는 무기력한 경향을 보인다(최승미 등, 2000). 질병에 따라 차이가 있을 수 있으나 일반적으로 만성질환을 겪는 아동은 또래에 비교하여 두려움과 우울감을 많이 경험하는 것으로 알려져 있으며, 치료과정에서 기분 저하, 슬픔 등의 정서적 변화를 겪는다. 오랜 투병 기간 동안 질병으로 인한 의욕의 상실, 불안, 자기중심적 경향을 보이기도 한다.

4) 사회적 특성

건강장애 아동은 반복적인 치료 및 입원과 퇴원으로 인해 정상적 학교생활이 어렵고, 신체적 외형의 이상이나 질환에 의한 신체 활동의 제한으로 인해 또래 관계에서 적극적인 참여가 어려울 수 있다(성경숙, 2005). 이러한 상황적 특성에 의한 건강장애학생의 고립감, 어머니에 대한 지나친 의존성, 대인관계 회피 등은 주변 사람들과의 관계 형성과 지역사회 적응에 부정적 영향을 미치기도 한다(오진아, 2004; 이소현, 박은혜, 2010). 장기결석 중인 건강장애아동은 치료 중이나 치료가 종결된 이후에도 학교와 친구들을 그리워하고 학교생활을 기대한다. 그러나 학교 복귀가 가까워질수록 오랫동안 중단되었던 학업 진도를 따라가야 하는 어려움과, 자신보다 어린 친구들과 새로운 교우관계를 맺어야 하는 부담감에 스트레스를 경험한다. 치료 종결 직후의 적응과 복귀 문제에 대하여 건강장애 아동은 자신이 예상하는 학교생활의 어려움에 대해 보호자나 교사와 함께 나눌 수 있어야 하며, 두려움과 같은 부정적 감정에 대해 표현하고 주변으로부터 지지와 격려를 얻도록 한다. 또한 또래관계를 맺기 위한 충분한 기회를 제공받고, 학교생활의 어려움에 대한 적절한 지원이 요구된다. 더불어 새로 발생할 수 있는 건강의 위험 요소에 대한 의학적 관리, 질병으로 발생한 기능 상실에 대한 지원도 요구된다.

5. 미술심리재활

1) 기본원리

건강장애학생 교육지원을 위한 요구분석(교육부, 2018)에서 가장 많은 수의 건강장애 학생이 미술치료나 음악, 상담과 같은 심리 · 정서적 지원이 필요하다고 답변하였다. 이는 심리재활이 만성질환 아동의 스트레스를 줄이고 삶의 질을 높이는 데 긍정적인 역할을 할 수 있음을 의미한다. 건강장애아동을 위한 미술심리재활의 기본 원리는 창조적 조형 활동을 통하여 불안을 경감시키고 정서적 안정을 도와 질병 상태나 입원 환경 등으로 인한 심리적 부적응 개선에 주력한다.

2) 목표 및 기대효과

소아암과 같이 극심한 신체적 고통과 우울감, 고립감 등의 심리적 고통을 경험하는 아동에게 미술심리재활은 투병 과정 속에서 억압되고 긴장된 감정을 해소하고 사회성을 발달시키는 수단으로 기능할 수 있다(박주원, 김태은, 2017; 최화영, 김승환, 2015). 특히 어린 시기 주 양육자와 분리되어 치료과정을 경험한 건강장애 아동이 겪는 불안과 두려움, 공포는 이후 성장과정에도 지속적인 영향을 미치는데, 미술심리재활의 안전한 환경에서 자신의 감정을 표현할 기회를 충분히 제공받음으로써 아동은 정서적 지지를 경험하고 부정적 감정을 수용할 수 있게 된다. 더불어 미술심리재활 결과물들은 의료전문가들로 하여금 입원 중인 건강장애 아동의 현재 감정을 이해할 수 있는 단서를 제공하며, 무균실생활과 같은 어려운 상황에서도 아동의 치료 순응도를 높이는 데 도움이 된 것으로 보고되었다(박주원, 김태은, 2017). 또한 수동적인 태도로 치료과정에 임해야 했던 건강장애 아동에게 미술심리재활은 아동의 주도성과 자율성을 획득하도록 돕고 성취감과 자신감을 고취시킬 수 있다(유승희, 한경아, 2018).

참고문헌

교육부(2016). 2016 특수교육정책연구, 건강장애학생이해자료.

교육부(2018). 건강장애학생 교육지원 확대방안.

교육부(2022a). 2022 특수교육통계.

교육부(2022b). 2022 특수교육연차보고서.

국립특수교육원(2009). 특수교육대상아동 선별검사

김기홍(2007). 우리나라와 독일의 건강장애학생을 위한 병원학교의 운영체제에 관한 비교연구. **특수아동교육연구, 9**(3). 25-54.

김성준(2015). 소아 급성림프구백혈병 치료 종결된 환자의 인지기능 분석; 국내 단일 3차 의료기관에서의 경험. 박사학위논문. 가톨릭대학교.

김은주(2013). 건강장애학생을 위한 병원학교 운영 지원체계의 타당화 연구. **지체 · 중복 · 건강장애연구, 56**(3), 109-132.

나인정, 권혁상, 김민정, 남광현, 이미숙(2019). 건강장애학생 교육지원 관련 연구에 대한 동향 분석 및 시사점 탐색. **지체 · 중복 · 건강장애연구, 62**(3), 175-196.

대한소아재활, 발달의학회(2021). **소아재활의학**(3판). 경기: 군자출판사.

류신희, 김정연(2008). 건강장애 학생의 학교생활 적응 및 교육실태. **지체중복건강장애연구, 51**(4), 157-176.

박주원, 김태은(2017). 조혈모세포이식을 받는 동안 무균실에 입원한 소아암 환아의 미술치료 사례연구. **미술치료연구, 24**(3), 739-753.
박인숙(2020). 건강장애 학생을 위한 학교복귀 지원 모형 개발. 박사학위논문. 인하대학교
보건복지부(2021). 2021 국가암등록사업 연례보고서(2018년 암등록통계).
보건복지부(2022). 2022 장애통계연보.
성경숙(2005). 만성질환 아동의 극복력 증진을 위한 집단놀이치료 프로그램의 개발 및 효과. 박사학위논문. 고려대학교.
오진아(2004). 학령기 아동의 입원생활 적응증진 프로그램 개발 및 효과. **대한간호학회지, 34**(3), 525-533.
유승희, 한경아(2018). 영유아기 소아암 치료 과정을 경험한 아동의 미술치료 질적 사례연구. **조형교육, 67**, 95-120.
유지원, 유아름, 송다겸, 강다영(2020). **특수아동을 위한 발달적 미술치료**. 서울: 학지사.
이미숙, 구신실, 노진아, 박경옥, 서선진(2018). **예비교사를 위한 특수교육학 개론**. 서울: 학지사.
이소현, 박은혜 (2010). **특수아동교육**. 서울: 학지사.
최승미, 신민섭, 정진엽, 김중술(2000). 만성적인 신체질환 및 장애를 지닌 아동의 심리적 특성; 자기개념 및 스트레스에 대한 대처 양상 비교, **소아청소년 정신의학, 11**(2), 252-260.
최화영, 김승환(2015). 소아암 청소년의 자기표현력과 사회성 향상을 위한 미술치료 사례연구. **미술치료연구, 22**(5), 1393-1415.
홍강의(2014). **소아정신의학**. 서울: 학지사.

Aye, T., Mazaika, P. K., Mauras, N., Marzelli, M. J., Shen, H., Hershey, T., Cato, A., Weinzimer, S. A., White, N. H., Tsalikian, E., Jo, B & Reiss, A. L.(2019) Impact of Early Diabetic Ketoacidosis on the Developing Brain. *Diabetes Care 1, 42*(3), 443-449.
Cousens, P., Ungerer, J. A., Crawford, J. A & Stevens, M. M.(1991). Cognitive effects of childhood leukemia therapy: a case for four specific deficits. *Journal*

of Pediatric Psychology, 16, 475-88.

Hill, D. E., Ciesielski, K. T., Sethre-Hofstad, L., Duncan, M. H & Lorenzi, M.(1997). Visual and verbal short-term memory deficits in childhood leukemia survivors after intrathecal chemotherapy. *Journal of Pediatric Psychology, 22*, 861-70.

Moyer, K., Willard, V. W., Gross, A. M., Netson, K. L., Ashford, J. M., Kahalley , L. S., Wu, S., Xiong, X & Conklin, H. M.(2012). The impact of attention on social functioning in survivors of pediatric acute lymphoblastic leukemia and brain tumors. *Pediatric Blood & Cancer, 59*, 1290-5.

Thies, M. K. (1999). Identifying the educational implications of chronic illness in school children. *Journal of School Health, 69*(1), 392-397.

찾아보기

인명

내용

저자 소개

정여주(Chung Yeo-Ju)

독일 쾰른대학교(Universität zu Köln) 교육학 박사

현 차의과학대학교 미술치료대학원 원장

〈주요 저 · 역서〉

명화 감상 미술치료(학지사, 2021)

미술교육과 문화(4판, 공저, 학지사, 2020)

노인미술치료: 이론과 실제(2판, 학지사, 2018)

어린왕자 미술치료(학지사, 2015)

만다라와 미술치료(2판, 학지사, 2014)

미술치료의 이해: 이론과 실제(2판, 학지사, 2014)

만다라 미술치료: 이론과 실제(학지사, 2013)

만다라 그리기 시리즈(학지사, 2010)

미술 기반 미술치료 슈퍼비전(공역, 학지사, 2020)

정신분석적 미술치료(공역, 학지사, 2011)

〈주요 논문〉

디지털 미술치료 적용을 위한 미술치료사의 디지털 매체 체험 연구(공저, 2021)

A Single Case Study of Art Therapy in a Child with Crohn's Disease(공저, 2020)

미술치료에서 미술의 특성과 창의적 과정의 치료적 의미(2016)

최한(Choi Han)

차의과학대학교 임상미술치료학 박사

현 차의과학대학교 미술치료대학원 조교수

〈주요 역서〉

사회행동과 미술치료(시그마프레스, 2016)

〈주요 논문〉

The Effects of Mindfulness-Based Mandala Coloring, Made in Nature, on Chronic Widespread Musculoskeletal Pain: Randomized Trial. (2021)

Art as relaxation for tic disorders: A pilot randomised control study. (2021)

The effects of combining art psychotherapy with pharmacotherapy in treating major depressive disorder: Randomized control study. (2020)

정유진(Jung YuJin)

차의과학대학교 임상미술치료학 박사

현 햇살같이 웃는 아이들 아동청소년발달센터 미술치료사

서울재활병원 가족지원센터 위촉 전문가

〈주요 논문〉

의료기관 내 장애아동 어머니를 위한 수용전념 기반 집단미술치료의 효과: 우울과 양육효능감 중심(2021)

발달재활서비스 제공 치료사의 집단미술치료 경험에 대한 현상학적 연구(2020)

미술심리재활 중심
장애아동의 이해
Understanding Children with Disabilities

2022년 4월 20일 1판 1쇄 발행
2023년 4월 20일 1판 2쇄 발행

지은이 • 정여주 · 최한 · 정유진
펴낸이 • 김진환
펴낸곳 • ㈜ 학지사
04031 서울특별시 마포구 양화로 15길 20 마인드월드빌딩
대표전화 • 02-330-5114 팩스 • 02-324-2345
등록번호 • 제313-2006-000265호

홈페이지 • http://www.hakjisa.co.kr
페이스북 • https://www.facebook.com/hakjisabook

ISBN 978-89-997-2670-5 93180

정가 16,000원

저자와의 협약으로 인지는 생략합니다.
파본은 구입처에서 교환해 드립니다.